그곳에 사람이 있다

그곳에 사람이 있다

2016년 2월 24일 초판 1쇄 발행
2017년 6월 23일 초판 2쇄 발행

지은이	최인기
펴낸이	임두혁
편집	조정민 김삼권 최인희
디자인	토가 김선태

펴낸곳	나름북스
등록	2010. 3. 16 제2010-000009호
주소	서울 마포구 동교로 18길 31(서교동) 302호
전화	02-6083-8395
팩스	02-323-8395
이메일	narumbooks@gmail.com
홈페이지	www.narumbooks.com

ISBN   979-11-86036-09-9 03330

글·사진 최인기

그곳에 사람이 있다

오래된 미로, 도시 뒷골목

나름북스

'사람의 도시'에 관한 수채화

조명래(단국대 교수)

'그곳에 사람이 있다'. 빈민 활동가 최인기의 세 번째 '사람에 관한' 책
이다. 그가 말하는 '그 곳'은 도시이고, 도시 중에서도 달동네, 낡은
아파트촌, 전통 시장, 노점 거리, 오랜 골목들이다. 화려하지만 창백
한 도시의 겉모습과 달리 '그곳'엔 진짜 사람들이 따스하게 살고 있
는 도시의 속살이 보인다. 도시는 온통 허황된 물욕을 쫓아 끝없이
부유하는 유목민들로 가득한 것 같지만 그곳엔 '시時'를 쓰듯 장사를
하고 이웃을 만나며 정을 나누는 정착민들로 가득하다. 그곳의 사람
들은 공간과 시간이 한 몸이 된 채 도시가 '사람의 도시'임을 증빙해
준다. 기억이란 시간의 강에 노를 저어 저자가 닿은 그곳의 사람들
은 그래서 '그때 그 사람들'이다. 다시 만난 그들의 얼굴에 깊이 팬 주
름은 삶과 장소의 기록이며 도시의 역사다. 그는 결국 도시에서 사
람을 찾았고, 그렇게 찾은 사람들은 우리에게 도시를 다시 찾게 해
준다. 수많은 사람이 사는 듯해도 도시엔 사람이 없다. 사람 대신 상
품이 있고, 돈과 자본이 있으며, 권력과 시스템만 있을 뿐이다. 껍데

기였던 도시에서 저자는 사람을 찾아 도시를 다시 사람으로 가득 채워 준다. 책에서는 '그곳'을 찾아가는 저자의 발걸음 소리가 들린다. 그가 대면한 사람들의 목소리도 들린다. 사람들이 거처하는 파랗고 하얀 집과 담장도 보인다. 골목을 돌아다니는 아이들의 웃음소리도 들린다. 단속반과 싸우면서 피를 흘리는 옆집 노점상 아저씨의 모습도 보인다. 철거 직전의 낡은 아파트 창문 너머로 아직 떠나지 못한 할머니의 모습도 아른거린다. 이 책은 '도시의 사람'을 그리는 듯하지만 정작 '사람의 도시'를 담고 있는 수채화다.

전통 시장과 골목길에서 잊었던 '사람'을 찾다

박래군(인권중심 사람 소장)

빈민 운동의 산증인인 최인기가 어느 날부터 큼직한 카메라를 들고 다니기 시작했다. 처음엔 어색했지만 이젠 매우 친근하다. 옛날부터 사진을 찍어 온 작가처럼 느껴진다.

그의 시선은 늘 낮은 곳을 향한다. 도시의 화려한 불빛 뒤에 감춰진 전통 시장이나 옛 풍경을 간직한 골목길 등으로 말이다. 또한 그는 잘 드러나지 않은, 뉴스에도 언급되지 않는 가난한 사람들의 삶 속으로 들어가 그들의 이야기를 부지런히 듣는다. 그의 블로그 '사노라면'에선 그가 몸을 움직여 찍어 올리는 다양한 사람들의 사진을 만날 수 있다. 책에서도 언급했듯이 그도 사진작가 고故 최민식처럼 다양한 인간사를 애정 어린 시선으로 담아내고 있다.

이 책은 서울과 부산의 전통 시장과 골목길에 대한 이야기다. 그저 관광지를 돌아다니는 여행이 아닌 '사람 냄새 나는' 여행을 하고 싶은 이들에게 좋은 길잡이가 될 것이다. 마을이나 시장의 역사는 물론 우리가 놓치기 쉬운 그곳 사람들의 애환을 담은 것도 이 책의 큰 장점이다.

그는 노점상 운동이나 빈민 운동 과정에서 만났던 사람들을 찾아 나선다. 그가 시장에 나타나면 반가움에 식당으로 손을 잡아끄는 이들이 있다. 한두 번은 뉴스 면을 장식했던 사건의 주인공이기도 한 그들이 그 뒤에 겪은 이야기, 그리고 온몸으로 겪고 있는 현실까지 볼 수 있다. 세상 사람들이 모두 잊은 그 현장에서 그들은 여전히 몸을 움직이며 살아간다. 단속에 걸려 길거리에 엎어진 좌판 앞에서 울던 사람들, 노점을 지키기 위해 싸워 온 사람들의 이야기를 그 누구에게 들을 수 있을까?

그는 또 전통 시장 상인과 노점상의 상생에 대해서도 말하고 싶어 한다. 그가 조심스럽게 대안을 제시할 수 있는 것은 빈민 운동을 통해 해 왔던 고민이 있기 때문이다. 거대 자본의 급속한 성장으로 "살벌한 고성이 오가는 전쟁터"가 되어 버린 전통 시장에서 인간적 관계는 사라지고 소비자로만 남은 사람들의 모습에 안타까워한다.

"판매자와 소비자 간의 인간관계가 배제"되는 전통 시장 현대화 사업보다는 그들 간의 인간적인 모습을 유지해야 한다는 그의 목소리는 낮지만 오랫동안 빈민 운동가로 살아온 그 나름의 해결 방안이 될 수 있다. 그러기에 독자들도 그의 목소리를 놓치지 않기를 바란다.

"올레길을 걷는 이유가 자연에 좀 더 가까워지려는 노력이라면, 골목길을 걷는 이유는 잊혀 가는 과거를 떠올리거나 사람 사는 모습을 직접 체험하기 위해서"라는 그의 말에 동의한다면 발길을 골목길로 잡아 보는 것도 좋을 것이다. 서울에서 주로 활동하는 그가 언제 부산의 골목길을 찬찬히 돌아봤는지 놀랄 따름이다. 근현대사의 격동기에 생겨난 산동네들의 내력에 대해서도 친절하게 소개하는데, 평소의 독서가 한몫한 것 같다. 그가 이전에 쓴 책들과 마찬가지로 단지 자신이 보고 느낀 것만이 아니라 풍부한 역사적 배경과 지식을 담았는데, 이는 그런 노력의 결과다.

이 책을 관통하는 주제는 '우리가 잃어버린 것을 찾아서'이다. 급하게 변하는 세상, 특히 도시의 풍경들, 그리고 바쁘게만 살아가는 치열한 경쟁 사회에서 우리가 너무 많은 걸 잃고 있음을 이 책은 드러내고 싶어 한다. 전통 시장과 골목길에서 어린 시절을 회상하는 대목은 어디에도 빠지곤 있지만 거대한 자본의 침식 속에서 사라지고야 말 운명처럼 서 있는 전통 시장과 골목길이 그에게는 어린 시절처럼 소중하기만 하다.

결국 이 책의 주제는 우리가 눈길을 주지 않는 그곳에 인간적인 정을 나누며 살고 있는 '사람'이다. 소득의 증가만으론 채워질 수 없는, 아니 그 속에서 놓친 사람답게 사는 모습이 그리워 그는 여행을 떠난다. 그런 그의 여행에 함께하면서 우리가 잃어버린 게 무엇인지 멈춰 서서 고민해 보는 건 어떨까. 손에 잡으면 다음 장의 이야기가 궁금해지는 이 책이 많은 사람에게 읽히면 좋겠다. 어느새 그의 다음 글이 기다려진다. 이 책과 함께 따라갔던 여행이 그만큼 행복했기 때문이다.

이 책은 도시에 대한 이야기입니다. 인간은 자신을 둘러싼 도시에 적응하는 과정에서 생활양식과 문화를 형성하고 발전시킵니다. 한때 전국 최대의 번화가였던 종로를 비롯해 다양한 도시 공간의 사연을 통해 삶을 규정하는 경제적 사회적 관계를 살펴볼 것입니다. 서울의 중구 황학동과 을지로 공구 상가 이야기는 청계천 복원 공사 10년이 지나도록 남아 있는 문제를 엿보게 합니다. 전국적으로 전통 시장은 위기에 처한 지 오래입니다. 서울의 청량리전통시장과 가락시장 그리고 부산의 자갈치시장과 기장시장은 현대화 사업의 빛과 그늘을 보여줍니다.

이 밖에 영화 속 한 장면으로 등장하거나 카메라를 든 사람들의 단골 출사지로 각광 받는 지역을 돌아봤습니다. 부산의 보수동과 바닷가 언덕에 아름답게 펼쳐진 영선동, 그리고 마을 공동체 사업의 원조 격인 물만골과 파란색 지붕이 그림처럼 펼쳐지는 감천동의 골목길을 걸어 봤습니다. 이러한 여행은 벽화가 그려진 서울 종로구 이화동과 창신동을 거쳐 성곽 끝 장수마을로 이어집니다. 이 여정에서 사라져가는 아파트를 만나기도 하고, 철거민의 저항이 담긴 안양 덕천마을 주민들의 사연도 들을 수 있었습니다. 마지막 종착지는 유년기 서울로 올라와 정착한 성북구 석관동의 고래심 길입니다. 저는 이 책에서 시간에 따라 도시 공간과 사람들의 모습이 어떻게 변했는지 엿봄으로써 현대를 살아가는 우리네 삶을 되돌아보고자 했습니다. 그래서 이 책은 결국 사람 이야기가 될 것입니다.

또, 이 책에선 사회적으로 문제가 되고 있는 '젠트리피케이션(Gentrification, 도심에 사람들이 몰리면서 개발이 가속되고 임대료가 올라 원주민이 바깥으로 내몰리는 현상)'을 다뤘습니다. 삶의 현장에서 쫓겨나는 사람들의 대안으로 공공토지임대제, 토지협동조합, 마을협약이 제시되고 있습니다. 하지만 제대로 된 마을을 만들자는 취지의 마을 만들기 사업이 자칫 자족적인 생활 공동체 형성에 머물거나 지역 거버넌스에 지나치게 기댄 관 주도 사업으로 진행될 여지 또한 분명히 있습니다. 이는 경계해야 할 문제입니다. 결국, 토지와 주택의 소유에 따른 불로소득이라는 근본적인 문제 해결을 전제할 때 올바른 마을 만들기 사업의 의미를 찾을 수 있을 겁니다.

이 책에 가장 많이 나오는 단어는 골목길과 전통 시장입니다. 그리고 유독 과거의 기억에 대한 이야기가 많습니다. 대안이 없으면 감정에 호소하는 법이라지요. 사라져가는 전통 시장과 오래된 골목길에 대한 향수를 자극하는 것이 지극히 보수적이라는 평가도 있어 왔지만, 모든 대안은 문제 제기에서 출발한다고 봅니다.

이 책엔 많은 사진이 실렸습니다. 누구나 글을 쓰고 누구나 사진을 찍는 시대라지만, 실제론 쉽지 않은 일입니다. 어떤 글과 사진은 사람을 살리기도 하지만, 때론 그들에게 상처가 되기 때문입니다. 이 책이 선한 사람들에게는 희망이 되고, 억압하는 사람들에게는 각성이 되었으면 합니다. 늘 그랬듯이 저는 앞으로도 깃발을 들고 사람들과 거리에서 구호를 외치거나 골목길 또는 시장 어귀에서 카메라를 들고 서성일 겁니다.

 한 권의 책이 나오는 데 애쓰고 수고한 많은 분이 계십니다. 그분들께 거듭 감사드립니다.

2016년 1월

최인기

오래된 미로

종로 3가 탑골공원 깊숙한 모퉁이에
샘물 하나 있었으면 좋겠다
맑은 물 퐁퐁 솟아
이끼 낀 돌담 사이를 적셔 주고
작은 도랑 이루며
손바닥만한 표주박으로
물 한 잔 떠 담아
타는 갈증 적셔 주면 더욱 좋겠다

하나 둘 가로등 불 밝히면
낙원상가 길모퉁이 돌아
맑은 샘물 같은 포장마차 있어
낯설거나 말거나
어묵 국물에 소주잔 기울이며
주거니 받거니 넓두리를 나눠 가져도
알싸하니 뒤끝 씻어주는 정겨움
훈훈한 인심 퍼주는 곳 있어
나는 참 좋다

– 그곳에 가고 싶다

진정 사람이 꽃보다 아름다운가요?

탑골공원을 끼고 인사동 방향으로 걷습니다. 불 켜진 작은 천막 안에 젊은 남녀가 머리를 맞대고 앉아 점집 주인의 말에 귀를 기울이고 있습니다. 사주팔자를 봐준다는 붉은 글씨가 이들의 불안한 미래처럼 불빛에 흔들립니다. 인사동 초입의 낙원상가로 향하자 허

리우드극장이 보입니다. 문득 오래전 이곳에서 봤던 영화들이 떠오릅니다. 명절 때면 극장들이 모여 있는 종로통은 사람들로 넘쳐났습니다. 강남이 아직 개발되지 않았던 당시 종로 일대는 데이트족이 즐겨 찾는 코스였습니다.

그 많던 극장들은 어디로

허리우드극장에서 영화를 보려면 탑골공원 입구까지 길게 줄을 서서 표를 사야 했습니다. 엔딩 장면에서 휘파람 소리가 경쾌하게 울려 퍼지던 〈콰이강의 다리〉와 나스타샤 킨스키의 청순한 모습이 인상적이던 〈테스〉가 생각납니다. 그리고 12월 어느 날, 실베스터 스탤론이 주인공으로 등장했던 〈클리프행어〉를 보고 나오니 낙원상가 위로 새하얀 눈이 펑펑 내렸습니다. 허리우드극장에서 봤던 영화 중 떠오르는 영화를 꼽으라면 단연 〈헬 나이트〉입니다. 고등학교 3학년 여름방학 무렵, 한 무리의 친구들과 정독도서관에 갔습니다. 공부는 뒷전으로 미룬 채 도서관 식당 계단에서 떠들다가 경

비 아저씨에게 쫓겨나 허리우드극장까지 걸어 내려왔습니다. 거리를 방황하던 중 한 친구가 가라앉은 기분을 물리치기엔 무섭거나 야한 영화가 최고라는 말을 꺼냈습니다. 이 말이 끝나기도 전에 우리는 극장으로 내달려 〈헬 나이트〉를 봤습니다. 후끈 달아오른 우리는 여름비를 맞으며 동대문까지 무작정 걸으면서 돈을 모을 궁리를 했습니다. 여름방학 때면 청평으로 달려가 '강변가요제'를 봐줘야 했으니까요. 대학 입시의 압박에서 벗어나 잠시나마 해방감을 느낄 수 있던 낙원상가의 상징적 공간인 허리우드극장은 이제 사라지고 없습니다. 그 후 예술영화 전용관으로 잠시 운영되다가 지금은 오래된 명작들을 선별해 상영하는 실버극장으로 그 명맥을 유지하고 있습니다. 쿵쿵대는 음악이 울려 퍼지는 카바레가 있던 자리도 어르신들의 사교장인 콜라텍으로 변했습니다. 악기 전문 상가와 지하의 전통 시장만이 여전히 자리를 지키고 있을 뿐입니다.

허리우드극장이 있던 낙원상가는 1967년 서울의 대대적인 개발 계획과 맞물려 생긴 곳으로, 서울시의 도심부 재개발 사업의 일부로 건립 계획이 수립되어 1969년 완공됐습니다. 낙원상가는 연건평 약 4만 제곱미터의 15층 건물인데, 주거형 아파트는 76제곱미터 119가구, 79제곱미터 83가구, 95제곱미터 120가구, 112제곱미터 105가구로 구성되어 있습니다. 지금도 내부 시설은 오래된 아파트답지 않게 정갈하고, 종로 한복판에 위치해 주거지로서의 기능을 충실하게 이어오고 있습니다. 도로 위에 지어져 주상복합 건물의 외형을 띠며, 1층의 차로를 통해 북촌에서 종로를 향하도록 되어 있습니다. 그러나 낙원상가는 건립 직후부터 많은 분쟁에 휘말렸습니다. 도로를 무단 점용해 들어섰다는 것과 무도회장 인허가 분쟁 등으로 오랫동안 소송에 시달렸습니다. 허리우드극장은 개봉관으로서의 위상이 있었으나 무도회장에서 들려오는 소음으로 영화 관람이 녹록치는 않았습니다.

낙원상가가 악기 상가로 주목받기 시작한 건 1970년대 종로와 명동, 광화문 일대가 문화 중심지로 각광받던 시절입니다. 당시 낙원상가 2층은 일자리를 구하려는 음악인들이 몰려 인력시장 구실을 하기도 했습니다. 그 후 서울시가 1979년 경 탑골공원 주변 건물들을 허물고 담장 정비 사업을 추진하면서 피아노 상점들이 낙원상가로 입주해 본격적으로 악기 전문 상가로 발전했다고 전해집니다. 1980년대 후반 서울올림픽 개최와 통행금지 해제로 유흥업이 성행하면서 악사와 악기에 대한 수요가 증대해 낙원상가는 호황을 이룹니다. 하지만 1990년대 초 심야 영업시간 단축과 유흥업소 단속으로 악사 인력시장이 위축되다가 1990년대 후반 이후 외환 위기와 노래방 기계 보급으로 인력시장의 기능은 거의 사라지게 되었습니다.

구 허리우드극장(현 실버영화관)을 끼고 좁은 골목 안으로 들어섭

니다. 서울에서 2000원에 식사할 수 있는 곳인 '우거지 얼큰탕'이 나옵니다. 이곳엔 순댓국과 돼지머리를 파는 오랜 전통을 지닌 식당들도 늘어서 있습니다. 간혹 종로 근처에서 집회를 마친 노동자들이 식당에 앉아 머리띠도 풀지 않은 채 하루의 투쟁과 무용담을 안주삼아 술 한잔하는 모습을 볼 수 있습니다. 3대째 이어져 온다는 '남문떡집'을 지나 한 블록 더 들어가면, '전통문화의 거리'라는 공식 명칭을 부여받은 '인사동' 간판이 보입니다. 서울의 다른 거리에 비해 차량 소통이 적어서 그런지 퇴근길 혼잡한 종로를 피해 발길을 옮기는 곳이 바로 이곳 인사동입니다. 600년 전 도읍지를 옮기면서 고관대작의 출입이 잦았던 곳으로, 일제 강점기엔 골동품을 좋아하던 일본인들이 자리를 잡고 우리 선조들의 물건을 긁어모으던 곳이기도 합니다. 해방 후엔 조선인들이 골동품을 하나둘씩 내다 팔기 시작하면서 미술품, 글씨, 도자기 등의 골동품 거래가 시작됐습니다. 1970년대 들어 고서점과 화랑가가 자연스럽게 조성되었고, 1980년대에는 시위대가 종로를 지나 시청 앞 광장으로 진출하기 위해 결집하던 곳이었습니다. 하지만 이후 군부 정권이 바뀌고 시위가 잦아들자 이곳도 소비 중심 거리로 변하기 시작했습니다. 언제나 소박한 희망을 꿈꾸는 곳이던 인사동의 뒷골목 선술집도 한정식집이나 화려한 카페들에 차츰 자리를 내주었습니다. 천상병 시인과 그의 부인이 직접 운영하던 찻집 '귀천'에 앉아 세상도,

동지도, 인사동 찻값도, 술값도 모두 변했다고 아쉬워했던 것도 그 즈음이었습니다.

얼마 전 다시 찾은 인사동 거리는 부산하기만 합니다. 서울을 찾는 외국인들의 필수 관광 코스이다 보니 비가 오고 눈이 와도 관광버스가 그들을 이곳으로 실어 나릅니다. 경기가 안 좋아도 외국인들 덕에 인사동은 그나마 살 만하다고 합니다. 이제 인사동 깊숙이 들어가 사거리 노점에서 엿을 파는 이영석(67세) 씨를 소개할까 합니다. 이분을 처음 만난 건 1990년대 중반입니다. 노점상 봄나들이 야유회에서 사회를 보던 그가 '임을 위한 행진곡'을 경쾌한 트로트풍으로 불러 젖히던 모습이 아직도 생생합니다. 그는 젊은 시절 전국의 밤무대를 떠돌며 전기오르간을 연주해 생계를 이어 왔지만, 노래방이 등장한 후부터는 더 이상 밴드 마스터만으로 먹고살기 어려워졌습니다. 그 후 이영석 씨는 자구책으로 인사동에 노점을 펼치고 구청 직원들과 온몸으로 부딪히며 현재의 자리를 이어 왔습니다. 인사동에서 직접 엿을 만들어 파는 그는 점점 유명세를 타 방송에도 여러 번 나왔고, 이제는 '인사동 터줏대감'이 되었습니다. 하지만 그에게 즐거운 일만 있었던 건 아닙니다. 그 당시 인사동이 문화 관광 지구로 선정되면서 종로구청이 용역 단속반을 동원해 대대적으로 노점을 단속했습니다. 1998년에는 보도블록을 새로 까는 데만 무려 80억 원을 투자해 공사를 진행했는데, 공사 기간인 약 6

개월 동안은 장사를 전혀 하지 못했습니다. 그 후에도 한일월드컵 등 국제 행사가 개최될 때면 노점 단속이 반복됐습니다. 이영석 씨는 이런 상황이 답답하다고 말합니다.

"왜 노점상이 문화에 어울리지 않는다고 생각하는지 모르겠어요. 노점상은 관광객에게 부끄러운 대상이 아닙니다. 다른 나라에서는 노점상을 어엿한 하나의 문화 상품으로 육성한다는데. 우리는 도대체 왜 그럴까요."

2006년 지방선거가 끝나자 이 거리에 돌확과 화단이 새로 설치됐습니다. 소위 '걷기 좋은 거리'를 조성한다는 명분으로 단속이 진행된 것입니다. 몇 년에 걸쳐 노점상과 구청 간의 씨름이 계속됐습니다. 2011년 8월 14일 이곳을 찾았을 때, 종로구청이 50여 명을 동원해 노점 20여 개를 강제 철거한 사건이 일어났습니다. 노점상들은 쇠사슬을 온몸에 감아 가판대에 묶고 저항했습니다. 노점 마차가 넘어지면서 물건들이 인사동 길바닥에 쏟아지기도 했습니다.

꽃보다 사람, 화단보다 생존권

인사동 노점상 손병철(56세) 씨와 김숙경(54세) 씨 부부는 청각장애인입니다. 그들에겐 지난 17대 대선 때 이명박 후보가 자신들의 노

점에서 노점상 체험을 했다는 게 늘 자랑이었습니다. 그러나 2011
년 노점 단속으로 생계를 위협받게 되자 청와대에 진정을 넣어 도
움을 요청했습니다. 이 모습을 지켜보던 이영석 씨는 "이명박 대통
령이 대선 때는 카메라 세례를 받으면서 노점상과 함께 장사하는
등 서민적인 모습을 연출하더니 이제 와서 마구잡이로 노점을 단속
하고 있다"며 분통을 터트렸습니다.

　인사동은 고되지만 서민의 활기찬 생명력이 깃든 곳이었습니
다. 낮은 기와지붕 집이나 나무 대문 집도 드문드문 있었고, 고서
점과 표구점, 서예용품을 파는 상점도 많았습니다. 하지만 지금은
이면 도로로 들어가야만 이런 것들을 볼 수 있습니다. 약장수가 있

던 시절은 지나갔지만, 그때의 거리엔 활기가 있었습니다. 왁자지껄해도 서민의 오래된 삶이 묻어 있는 문화가 있었습니다. 1991년 봄, 전국을 뒤흔든 강경대 열사의 죽음을 계기로 수많은 열사의 장례 행렬이 이어졌습니다. 그때 종로 3가 탑골공원 앞에서 전투경찰과 대치하던 학생들이 싸우다 밀리면 그들의 가방을 맡아 주던 노점상들이 있었습니다. 지나가던 차들도 경적을 울리며 시위에 동참했습니다. 상가 앞에서 지친 숨을 달래는 시위대에게 물 한 잔 건네주던 사람들도 있었습니다. 하지만 이제 '토토의 오래된 물건'처럼 진열장에 갇힌 이야기가 되어 버렸습니다.

아무리 세월이 흐르고 변했다지만 서울에서 가장 오래된 서점인 통문관을 비롯해 골동품점, 화랑, 필방, 그리고 미술 전시장이 아직도 밀집되어 있는 곳이 인사동입니다. 한때 외국인에게 'Mary's alley(메리의 골목)'으로 불리던 인사동 거리는 서울을 대표하는 국제적인 명소로 명맥을 이어 왔습니다. 하지만 1990년대 이후 커피 전문점과 고급 식당이 하나둘씩 비집고 들어오더니 이제는 유흥가로 변해버렸습니다. 인사동을 걷다 보니 노점을 걷어낸 자리에 놓인 커다란 돌 화분들이 보입니다. 그곳엔 예쁜 꽃들이 자라고 있습니다. 꽃을 심기 위해 오랫동안 장사하던 노점상들을 밀어냅니다. 화단 옆에서 밥그릇을 지키기 위해 싸우는 이들을 보며 진정 사람이 꽃보다 아름다운가 하는 생각이 문득 듭니다.

이영석 씨는 종로지역노점상연합 고문으로 활동하고 있습니다. 그는 2005년 이후 시력이 점점 나빠져 시각장애인이 되었습니다. 지금은 그의 아내 안민자(60세) 씨가 그 자리에서 달콤한 강정과 엿을 팔고 있습니다. 카메라를 꺼내 들자 예쁘게 찍어 달라며 활짝 웃습니다. 정말 곱고 예쁘게 말입니다.

길 위에서 서성이다

해가 떨어지면 종로 뒷골목 포장마차 거리는 환한 불빛으로 휩싸입니다. 과거엔 희미한 카바이드등이었지만, 이젠 화려한 전구가 그 자리를 대신합니다. 종로 3가 탑골공원 옆 '동굴 식당'을 지나 몇 걸음 더 들어가면 파고다극장이었던 자리가 나옵니다. 파고다극장의 첫 기억은 오래전 학창 시절로 거슬러 올라갑니다. 성북구 안암동 산 중턱의 한 고등학교에 '러브액션'이라는 그룹이 있었는데, 1980년대 강북에서 꽤 잘나가던 스쿨 밴드였습니다. 거기서 키보드를 쳤던 김영진, 연극반의 김명석 등의 친구들과 파고다극장에서 열리는 공연을 보러 다녔습니다. 헤비메탈이나 하드록이 아직 생소할 무렵이었는데, 파고다극장에선 주말마다 공연이 펼쳐졌습니다. 지금 보면 다소 이름이 촌스러운 '철십자', '뮤즈에로스', '혼' 등의 그룹들도 있었고, 전설적인 그룹인 '블랙신드롬', '블랙홀', '들국화', '시나위', '부활' 등도 이곳에서 공연을 했습니다. 이들은 후에 이태원과 신촌을 거쳐 1990년대 홍대 앞에서 인디음악을 싹 틔웁니다.

공연을 본 후 우리는 파고다극장 담벼락을 끼고 둘러앉아 여전히 식지 않은 열기를 발산했습니다. 누군가는 드럼은 이렇게 치는 거라며 허공에 두 손을 휘두르기도 하고, 또 누군가는 옆구리에 손을 얹어 기타 치듯 위아래로 흔들며 공연 중 기타리스트의 실수를 지적하며 핏대를 세우기도 했습니다. 한 손으로 마이크를 잡는 시늉을 하고 머리를 주억이며 노래하는 건 제 몫이었고요. 그중 영진이라는 친구는 나중에 그룹 '부활'에서 키보디스트로 활약하게 됐고, 몇몇 친구들은 고등학교를 졸업하자마자 음악다방 디제이로 나서게 됐지요. 누가 뭐래도 한국 록과 인디음악의 출발점은 바로 이곳 파고다극장이 아닌가 싶습니다.

하위문화의 요람 파고다극장

오래전에 파고다극장에서 사람이 죽었다는 소문이 나돌았습니다. 기형도 시인이었습니다. 그땐 스물아홉의 나이에 요절한 이 젊은 시인이 누군지 잘 몰랐습니다. 그러다 우연한 계기로 그의 시를 접하게 됐는데, '서울 변두리의 가난, 술에 취한 사내, 불안한 미래, 도시 생활 속 절망'으로 이어지는 시어들에 참으로 가슴이 시렸습니다.

종로는 80년대까지 서울의·문화 중심지였습니다. 종로 3가엔 피카디리극장과 단성사가 마주보고 있었고, 대로변을 건너 청계천 쪽엔 서울극장이, 종각엔 허리우드극장이 자리 잡고 있었습니다. 그리고 탑골공원 후문 쪽에 자그마한 파고다극장이 있었습니다. 그런데 그는 왜 하필 변방의 이 작은 극장에서 유명을 달리했을까요? 시인의 죽음을 두고 이런저런 추측이 난무했습니다. 그 후 파고다극장 앞을 지날 때마다 텅 빈 객석에 앉아 무대를 바라봤을 시인을 떠올려 봅니다. 격정의 1980년대가 저물고 또 다시 시작될 불길한 미래를 시인은 홀로 고통스럽게 읊었을지도 모릅니다. 그 후 그가 쓴 60여 편의 시는 《입속의 검은 잎》이라는 그의 첫 시집에 담겨 세상에 나왔습니다. 또, 젊은 시인의 시적 울림은 마침내 '장미빛 인생', '봄날은 간다', '빈집', '질투는 나의 힘' 등의 영화 제목으로 다시 태어났습니다. 마치 요절한 시인의 영혼을 위로하듯 말이죠.

당시 인기 있던 극장들은 이제 여러 개의 스크린을 갖춘 복합 상영관으로 바뀌었지만, 1990년대까지만 해도 서울 시내에 허리우드, 서울, 대한, 국도, 중앙, 명보, 단성사, 피카디리, 스카라 등의 극장들이 1천 석 이상의 객석을 보유하고 있었습니다. 이들 극장에서 개봉된 영화들은 재개봉관인 종로의 파고다극장을 비롯해 을지로의 계림극장, 용산의 용산극장, 청량리의 오스카극장과 동일극장, 남영동의 금성극장, 청계천의 바다극장 등으로 넘어가 상영됐습니다. 지방과 변두리의 동시 상영관에서는 연예인 쇼와 함께 상영되

기도 했습니다. 그러나 1990년대 CGV의 개관을 계기로 복합 상영관이 각광을 받자 1907년 목조 건물로 문을 연 뒤 수많은 사람의 애환을 달래주던 단성사를 비롯하여 기존의 단관 극장들이 쇠락의 길을 걷게 되고, 불과 20년 새 서울 시내 모든 단관 극장들이 사라져 버렸습니다.

특히 단성사는 맞은편에 있던 피카디리가 외화를 주로 상영한 것과 달리 나운규의 〈아리랑〉과 첫 유성영화 〈춘향전〉을 상영한 것으로 기록됩니다. 1990년대 이후에도 〈서편제〉, 〈장군의 아들〉 등 한국 영화를 주로 상영해 한국 영화 100만 관객 동원이라는 기록을 세우기도 했습니다. 이제 이 주변엔 보석 상가가 즐비하게 들어섰습니다. 이곳에 보석 상가가 들어서기 시작한 것은 80년대 후반부터입니다. 거리는 이렇게 사람의 인생처럼 희로애락을 함께하나 봅니다.

동성애자들의 해방구

1990년대 초 파고다극장은 게이들의 집결지였습니다. 1970년대에는 을지로를 중심으로 '원샷바'라는 게이바 몇 곳이 운영되다가 이후 파고다극장 주변에 게이 문화가 본격적으로 형성되기 시작했습

니다. 이들을 상대로 하는 업소들이 하나둘 생겨나면서 동성애자들의 삶의 터전이 됐습니다. 파고다극장은 동성애자들의 집합소라는 이유로 영업난을 겪다가 2001년 결국 문을 닫게 됩니다. 그리고 고시원으로 바뀌어 아직까지 생명의 끈을 잇고 있습니다.

한때 그 고시원을 이용한 적이 있습니다. 시국 사범으로 경찰에게 쫓기던 몸을 숨기려면 이 동네 쪽방이나 찜질방, 고시원 등에 숨어 지내야 했습니다. 돈을 아끼려고 등산용 버너와 코펠을 갖고 다니며 고시원 계단에 앉아 한 끼를 해결했습니다. 때론 옆방 남자가 건넨 반쯤 마시다만 소주와 라면 국물로 불안한 하루를 달래기도 했습니다.

파고다극장 앞에는 작은 이발소가 하나 있습니다. '이레 이발'입니다. 50대로 보이는 인상 좋은 조선족 아주머니가 반겨 주던 곳입니다. 쪽방을 전전할 때 종종 이곳에 가 이발을 했습니다.

얼마 전 다시 들르니 원래 있던 자리엔 구멍가게가 들어섰고, 이발소는 같은 건물 1층 대로변으로 자리를 옮겼습니다. 안면이 있던 주인아저씨와 조선족 아주머니는 보이지 않고, 대신 작은 키의 대머리 이발사가 반겨줍니다. 의자에 앉아 목에 흰 천을 두르고 그에게 머리를 맡겼습니다. 머리숱이 없다 보니 쓱싹쓱싹 몇 번의 가위질에 귀밑이 깔끔해지고 금방 단정해집니다. 머리를 감고 나면 건네주시던 달콤한 요구르트가 이젠 없어 조금 섭섭했지만, 이발료

는 놀랍게도 여전히 3500원입니다. 20년 전 가격 그대로입니다. 대신 그땐 주변에 몇 개 되지 않던 이발소가 이제는 십여 개도 넘습니다. 왜 이렇게 이발소가 많이 늘어났냐고 주인에게 물으니 이발료가 싸기 때문이기도 하지만 머리 깎는 기술이 좋아서라며 자랑을 늘어놓습니다.

　문을 나서자 늦가을 바람이 파르라니 깎은 귓불을 스치고 지나갑니다. 겨울 문턱인 듯 제법 쌀쌀합니다. 출출한 배를 채우려고 탑골공원 옆 골목으로 발걸음을 옮깁니다. 실비 식당들이 종로 재활용센터 앞까지 즐비합니다. '선비옥'이라는 식당의 야외 자리에 앉았습니다. 북엇국과 순두부가 3000원입니다. 이 가격도 10년 전 그대로입니다. 순댓국을 시켜 새콤달콤한 깍두기 국물을 넣고 밥을 말아 입안에 털어 넣으니 포만감에 기분이 좋아집니다. 식후 커피 가격은 최근 두 배로 올랐지만, 그래도 200원입니다. 이발하고 저녁 식사에 커피까지 마셨는데, 총 6700원이 들었습니다. 이러니 이곳을 사랑할 수밖에요.

전통과 현대의 공존

파고다는 '탑'이란 뜻입니다. 이제는 탑골공원이라 부르지만, 예전엔 파고다공원이라 불렀습니다. 3·1운동 때 독립선언문이 낭독된 역사적인 장소이기에 예전부터 종종 작은 규모의 집회가 이곳에서 열리곤 했습니다. 그래서인지 종로엔 사회단체 사무실이 많았습니다. 종로 5가엔 행사가 자주 열리던 기독교회관이 있고, 근처엔 전국교직원노조와 민족자주통일중앙협의회 사무실이 있었습니다. 조계사 근처엔 다양한 연구 단체와 전국노점상연합 사무실도 있었습니다. 낙원상가 건너편 고려다방 건물(지금은 떡집이 들어섰습니다)엔 한국민족예술인총연합 사무실이, 그 부근에 농민 단체도 상주해 있었습니다. 이 밖에도 익선동에선 '사회민주주의 청년연맹'이라는 청년 단체가 정치 학교를 운영하기도 했습니다. 당시에도 종각과 종묘에선 연일 대규모 집회가 열렸습니다. 종로는 일종의 운동권 아지트였던 셈입니다. 지금도 매주 목요일 탑골공원 앞에서는 민주화실천가족운동협의회 어머님들이 보라색 보자기를 쓰고 감옥에 갇힌 양심수 석방을 눈물겹게 외치고 있습니다. 이 집회는 2015년 11월로 1050회가 넘었습니다. 세월이 흘러 모든 게 변했다지만, 어찌된 영문이지 이 나라 양심수들의 수는 여전한 것 같습니다.

탑골공원 안에는 국보 2호 '원각사지십층석탑'과 보물 3호 '대원각사비'가 자리 잡고 있습니다. 예전에는 공원 담장 주변으로 작은 상가와 건물들이 줄지어 있었지만, 담장 정비 후 그 수가 많이 줄었습니다. 서울올림픽을 맞아 탑골공원이 무료로 개방되면서 이곳은 어르신들의 휴식처가 되었습니다. 지금도 탑골공원에 가면 벤치에 앉아 장기를 두거나 열띤 토론을 벌이는 어르신들의 모습을 흔히 볼 수 있습니다. 화려한 건물이 즐비한 서울의 한복판이지만, 한 걸음 들어서면 오래된 골목의 속살이 그대로 드러납니다. 최근에는 저렴한 식당과 술집을 찾는 젊은이들이 골목 깊숙한 곳까지 들어와 어르신들과 함께 탑골공원 주변을 향유하고 있습니다.

서울시는 2007년 3월 이 일대의 도심 재개발 사업 계획을 세우고, 2008년 9월 돈화문로 주변을 인사동처럼 고품격 전통문화 거리로 만들겠다고 밝혔습니다. 아직도 종로에는 관철동을 중심으로

한 젊은이들의 공간과 인사동, 탑골공원을 중심으로 한 노인들의
공간이 있습니다. 즉, 종로는 전통과 현대가 한 블록을 사이에 두고
공존하는 곳입니다. 이러한 문화는 오랫동안 서서히 형성된 것입
니다. 종로 뒷골목과 탑골공원 후문의 포장마차는 주머니 사정이
여의치 않은 이들의 천국입니다. 무분별한 개발과 변화의 흐름에
맞서 자신의 삶과 문화를 지켜 나가는 것. 우리의 공동체는 이렇게
구체적인 공간을 통해 개개인의 열망이 하나로 모아질 때 비로소
유지되는 것 아닐까요?

도시의 은밀한 섬

청계천 8가 다산교는 동묘역 5번 출구에서 약 150미터 거리로, 성동공업고등학교 근처에 있습니다. 예전에 물이 맑던 시절 청계천에는 빨래터가 있었고, 근처 낙산에서 흘러나온 개천과 만나던 사거리 앞엔 자그마한 삼호호텔이 있습니다. 이 호텔은 주변 흥인지문 앞 동대문호텔과 함께 꽤 오래된 역사가 있습니다. 2003년 11월

청계천 복원 공사가 진행되면서 노점 철거를 위해 포클레인과 지게차가 동원됐습니다. 그때 이곳은 1000여 명의 용역반과 공권력이 노점상과 일대 격전을 벌였던 자리이기도 합니다. 복원 공사를 추진한 당시 이명박 전 서울시장은 삼호호텔 2층에서 이날의 행정대집행을 진두지휘했습니다. 마치 점령군 사령관처럼 말이죠.

　행정대집행과 강제 철거가 있은 후 얼마 지나지 않아 때 이른 첫눈이 내렸습니다. 파헤쳐진 도로 위에서 노점상의 물건을 빼앗으려는 용역반과 연일 실랑이를 벌이던 때입니다. 구두를 만들어 팔던 소순관(63세) 씨의 물건도, 미제 상품과 군용 점퍼를 팔던 장애인 협진이 아저씨의 물건도 모두 지게차가 들어다 난지도에 내다 버렸습니다. 청계천 8가 횡단보도 앞 노점상이 포클레인에 등을 다치고, 홍경희(58세, 당시 청계천 중구 지역 노점상연합 지역장) 씨가 경찰서로 연행됐다는 소식에 모두들 혀를 찼습니다. "공구 팔던 박봉규 아저씨가 자기 몸에 불을 당길 때부터 알아 봤어. 우리도 똑같이 죽어 나갈 거야"라며 삼일아파트 계단에 넋 놓고 앉아 있던 혜경 씨의 모습도 떠오릅니다. 발그레한 볼로 호떡 하나 손에 쥔 석주는 노점상 엄마의 등에 업혀 영문도 모른 채 웁니다. 신문에 코를 박고 있던 국숫집 아주머니는 "아이고, 방송이랑 신문에 온통 청계천 얘기뿐이네"라며 한숨을 쉽니다. 국수 한 그릇을 다 비운 종상이 형(53세)이 대낮부터 막걸리에 취한 노점상들을 찾아다니면서 다시 좌판을 깔고 싸우자며 설득합니다. 그 말에 한두 명이 자리를 털고 일어나 보따리를 챙기기 시작합니다. 그러고는 눈발이 굵어진 청계천 거리로 힘차게 나섭니다. 여기저기 노점상과 단속반의 몸싸움이 이어집니다. 아직도 그때의 기억이 선명합니다.

10년이 지난 후 그들이 어떻게 사는지 궁금해져 황학동에서 전자 제품을 파는 조경남(67세) 씨를 찾아가기로 했습니다. 황학동 삼일아파트가 있던 곳으로 향했습니다. 한때 사람이 살던 이 아파트는 2층만 남기고 철거한 채 방치되어 있었습니다. 아파트 복도에 들어서니 뜯긴 문 사이로 버려져 뒹구는 세간들이 보입니다. 철 지난 달력, 연체료 고지서, 낡은 옷가지와 짝 잃은 신발들은 그 집의 내력을 엿보게 합니다. 곰팡이가 검게 피어오른 벽에 위태롭게 걸린 괘종시계가 4시를 가리킵니다.

조경남 씨는 큰 아들이 태어난 1985년 청계천 8가에 들어와 지금까지 장사를 하고 있습니다. 한참 장사가 잘될 때는 이곳이 황금 상권이었습니다. 전국에서 가장 큰 벼룩시장이 청계천 황학동이었으니, 아무거나 갖다 놓아도 잘 팔렸답니다. 그 시절 청계천은 '처녀 불알도 구할 수 있는 곳', '정부 몰래 인공위성을 이미 쏘아 올린 곳'이라는 이야기가 나돌 정도로 없는 것도 없고, 못할 일도 없는 곳이었습니다. 청계천은 1986년 아시안게임과 1988년 서울올림픽, 그리고 2002년 한일월드컵 때 관광객에게 알려져 국제적인 벼룩

시장으로도 명성을 얻었습니다. 한국인의 근면하고 성실한 모습을 청계천에서 보고 느낄 수 있었던 것입니다.

조경남 씨는 청계천 복원 공사 후 서둘러 '가든 파이브'에 입점했습니다. 하지만 분양가가 서너 배 더 오르고, 인테리어 비용도 만만치 않은데다 장사까지 안 돼 월세마저 밀리는 상황에 놓이게 되었다고 합니다. 이러지도 저러지도 못한 채 가게만 움켜쥐고 있다가 남편은 병을 얻었답니다. 당시 상황을 이야기하는 조경남 씨의 눈가에 이슬이 맺힙니다. 결국 남편은 화병에 시달리다 안타깝게도 2009년에 죽었답니다. 지난 세월 이 가족의 고통이 얼마나 컸을지 헤아릴 수 있었습니다.

2005년 가을 청계천 복원 공사를 마친 후 이명박 당시 서울시장은 언론을 동원해 축하 팡파르를 울립니다. "처음엔 개발을 반대하며 극렬하게 투쟁했던 분들도 지금은 서울시의 절대 지지자가 됐습니다. 상인들과 우리는 얼마 전까지 적이었습니다. 하지만 서울시가 이렇게까지 자신들을 배려해줄지 몰랐다며 감동했습니다." 이명박 서울시장이 한 언론사와 나눴던 인터뷰 기사입니다. 또, "청계천의 위대함은 외형적 결과가 아닌 수십만 명의 상인과 노점상을 설득한 데 있다"며 "서울시는 주변 상인들을 설득하기 위해 무려 4200차례나 그들을 만났다"고 그의 자서전과 언론을 통해 홍보했습니다.

하지만 조경남 씨는 순 거짓말이라며 울컥합니다. 도대체 상인들과 무슨 대화를 했다는 건지 모르겠답니다. 청계천 복원을 성공으로 이끌었다는 당시 서울시장은 그 후 대통령이 되었습니다. 시간이 흐른 후 사람들은 이명박 전 대통령과 청계천을 어떻게 평가할까요?

2015년 청계천 복원 공사 10주년을 맞이하여 청계천 주민과 사회단체 회원들이 기자회견 등 다양한 행사를 개최했습니다. 서울시는 9월 29일 '청계천 복원 10주년… 1억9천만 명 발길'이라는 보도 자료를 배포했습니다. 박원순 서울시장은 청계천 복원과 관련된 중장기 계획을 내놓고 있습니다. 하지만 이보다 청계천에서 생활을 일구다 내몰린 수많은 사람의 삶에 대한 계획이 우선입니다. 이날 많은 사회단체와 주민들은 불청객을 자처하며 "이리저리 부평초처럼 떠도는 사이 누구도 보듬지 않던 우리의 삶은 길거리의 화단보다도 못한 존재로 전락했다"고 성토했습니다. 청계천 복원은 뿌리 뽑혀 떠도는 청계천 상인과 주민들의 차디찬 현실이 합쳐질 때 비로소 제대로 된 모습일 수 있습니다.

공구 팔던 박봉규 아저씨

청계천 세운상가와 아세아극장이 있던 곳으로 서둘러 발걸음을 옮겼습니다. 이곳에 청계천 복원 공사의 부당함을 가장 먼저 알린 사람이 있습니다. 노점상 박봉규 씨(당시 63세)입니다. 그는 2003년 8월 23일 노점 탄압에 항의하며 중구청장실에서 분신했고, 한강성심병원에서 치료를 받던 중 9월 6일 사망했습니다.

"저희 아버지, 법 없이도 사실 분이셨습니다. 당신의 수입이 적어도 어려운 이웃들 챙기며 사신 분입니다. 평생 고생만 하신 저희 아버지가 결국 스스로 세상을 등지셨습니다. 서울 중구청에 책임이 전혀 없다고 할 수 없지요. 중구청의 과도한 단속과 어린 용역 반원들의 무시와 학대, 이 모든 것 때문에 죽음을 생각하신 것 같습니다. 그 과정들을 알게 되자 저도 삶 자체가 싫어졌습니다. 가진 게 없어서, 도둑질할 순 없어서 노점상이 된 게 죄라면, 그래서 스스로 죽을 수밖에 없다면 정말 가슴 아픈 일 아닙니까? 중구청에서 CCTV에 녹화된 장면을 봤습니다. 중구청 직원의 폭언은 모두 삭제되고, 아버지 분신 직후의 모습만 볼 수 있었습니다. 화장실에서 3분 계셨는데… 그 3분 동안 아버지는 무슨 생각을 하셨을까요? 생과 사를 넘나들며 많은 생각을 하셨겠죠. 아버지가 받은 상처가 너무 크셨을 겁니다. 언제나 긍정적으로 살라고 말씀하시던 아버지

인데… 자존심마저 짓밟힌 내 아버지의 그때 심정만 생각하면 무척 가슴이 아립니다. 피가 거꾸로 솟는 느낌을 아시나요? 전 37년을 살면서 아버지께 따뜻한 밥 한 끼, 좋은 옷 한 벌, 그 흔한 효도 여행 한 번 보내 드리지 못했습니다. 시집가서 잘사는 게 효도라고 하시던 아버지를 생각하면 정말 가슴이 아픕니다. 자식으로서 마지막까지 편히 보내 드리지 못하는 게 죄송할 따름입니다. 아버지가 4개월 동안 차디찬 냉동실에 계시는데, 장례도 못 치르는 저희 가족들 심정이 어떻겠습니까? 가진 게 없어서 가슴 아픈 일들이 더 이상 없는 세상이었으면 좋겠습니다." 2003년 12월 21일 노점상 아버지의 한을 풀어드리고 싶다며 박봉규 씨의 큰딸 박진 씨가 쓴 편지 내용입니다. 이처럼 화려한 청계천 개발 이면에는 생존권을 위해 스스로 산화한 사람들이 있습니다.

미로 같은 청계천과 을지로

을지로 3가 5번 출구로 나오면 공구 상가로 접어드는 미로 같은 골목이 나옵니다. 2012년 베니스영화제 '황금사자상'을 받은 김기덕 감독의 영화 〈피에타〉의 배경이 바로 이곳입니다. 공구 상가에 들어서자 스패너, 망치, 드릴 등이 천장 높이 촘촘히 쌓여 있는 게 보

입니다. 잘 모르는 사람들은 망치나 못이 아무렇게나 놓여 있어 금방이라도 철근과 공구들이 와르르 무너져 내릴 것처럼 위태위태해 보이겠지만, 그런 걱정은 안 해도 됩니다. 주인장 나름의 오랜 경험과 지혜로 차곡차곡 적재적소에 물건들을 쌓았기 때문에 끄떡없습니다. 누군가 와서 어떤 물건을 찾더라도 손만 쑥 뻗으면 척척 찾을 수 있습니다. 그들은 때로 공구들 틈에서 허기진 배를 채웠을 것이고, 또 한낮의 달콤한 낮잠에 취했을 것입니다. 이곳에서 얼마나 오랜 시간을 노동으로 채웠을지 감히 상상조차 할 수 없습니다.

공구 상가 주변의 가로등이 하나둘 켜지자 살아온 만큼 견고한 쇠사슬로 물건을 칭칭 동여매는 모습이 보입니다. 셔터 내리는 소리와 함께 하루의 노동을 달래기 위한 술판이 슬슬 벌어집니다. 카메라를 메고 골목을 돌아다니다 보니 이곳에서 저는 이름 없는 작가로 알려져 있습니다. 그게 겸연쩍어 종종 제가 찍은 사진을 뽑아 그들에게 전해주기도 합니다. 단골 식당에서 늦은 식사를 하고 있는데, 옆자리에서 술판이 벌어졌습니다. 슬쩍 끼어들어 김기덕 감독의 영화 이야기를 꺼냈습니다. 한 공구 상가 주인은 자신이 엑스트라로 출연했다며 자부심이 대단합니다. 술잔을 돌리다가 물어보니 역시나 정작 영화를 본 사람은 아무도 없고, 뻔한 내용이겠지 합니다. 어떤 사람은 청계천에서 일하는 젊은 총각이 신나게 사랑을 나누다 헤어지는 영화라며 '신나게'를 강조합니다. 이에 덧붙여 또 다른 이는 젊은 총각이 다방 여자와 같이 살다가 옛 애인이 나타나자 헤어지는 영화라고 맞장구를 칩니다. 공구 상가 사람들의 취기와 농담이 작은 식당 안을 가득 채우며 밤이 무르익어 갑니다.

이들은 근대화라는 미명 아래 서울로 몰려와 오랜 세월 을지로 공구 상가에 자신의 영역을 구축한 사람들입니다. 수십 년 동안 이 골목에서 때론 경쟁하고 때론 협력하며 살아왔습니다. 이곳은 '다양한 품종의 소량 생산'을 기반으로 합니다. 대량으로 물건이 만들어지고 버려지는 세태 속에서 오래된 물건을 고쳐 사용하는 산업은 그 자체로 친환경적이고 합리적입니다. 기계, 금속, 공구 등 각기 다른 업종과 공정도 결국에는 하나의 물건을 생산하는 데 있어 유기적인 생산관계를 형성합니다. 수십 년 동안 청계천 공구 상가에 터전을 잡고 촘촘히 엮인 그물망처럼 살아왔던 이들은 불황에도 흔들리지 않고 견고한 위치를 점할 수 있었던 것입니다.

혹자는 공구 상가를 도시 한가운데 '외로운 섬'이라 부릅니다. 외로움이란 세상과 단절됐다는 것을 의미합니다. 서울 한복판에 은밀히 둥지를 틀고 있는 공구 상가가 마치 세상과 벽을 쌓고 있는 것처럼 보이지만, 사실은 최첨단의 시스템을 공동으로 구축하고 있었던 것입니다. 더럽고 산만해 보여도, 세상의 관심에서 멀어져 보여도, 낡은 것에 집착하는 것처럼 보여도, 이들 손을 거치는 물건들은 멀쩡한 새것으로 환생합니다. 그 어떤 예술가도 기술적으로 벽에 부딪히면 이들의 손을 빌리지 않을 수 없습니다. 꽉 막힌 사람들처럼 보일지라도 이들의 고집이야말로 마구잡이 개발에 저항하며 공구 상가를 지키는 역동적인 힘입니다. 이것이 결국 자신의 공간을 지킬 수 있었던 배경이 아닌가 싶습니다. 정말 다행이 아닐 수 없습니다.

안양 덕천마을

사연과 눈물이 깃든 곳

지난 2012년 9월 12일, 안양시 만안구 안양 7동 덕천마을을 방문했습니다. 촘촘하게 들어선 획일적인 아파트 단지 사이로 오래된 동네가 철거될 날만을 앞두고 있었습니다. 이곳에서 전국철거민연합 안양철거민대책위 출범식이 열렸습니다. 이미 빈집들이 많고 대부분이 떠났지만, 아직도 몇몇 집들은 단란하고 소박한 생활을 이어가고 있었습니다.

안양천을 끼고 있는 덕천마을에 사람이 처음 살기 시작한 것은 일제강점기 초 시흥시 정왕동 출신인 원정상이라는 사람이 안양 7동 213번지에 정착하면서부터입니다. 이어 전주 이씨, 창녕 성씨 등이 머물면서 취락으로 발달했다고 전해집니다. 덕천마을은 경부선 철도변을 끼고 아카시아 동산이 길게 이어져 있고, 1960년대까지 많은 벼를 수확한 농경지이기도 했습니다. 그 후 냉동사(안양 7동 196-15), 삼풍(안양 7동 199), 대영모방(안양 7동 196-12), 동화약품 공업(안양 7동 189) 등이 이 마을에 들어서면서 농공 단지로 발달했

습니다. 덕천마을에 들어서자마자 그 개발 규모에 입이 떡 벌어졌습니다. 이런 규모의 철거 지역은 참 오랜만에 봅니다. 안양은 물론 평촌 신도시 이후 최대 규모의 개발이고, 서울 난곡보다 규모가 크다고 합니다.

큰 덕이 샘솟는 덕천德泉마을

덕천마을의 본래 이름은 넓은 벌판에 있다고 하여 '벌터'였습니다. 1977년 7월 대홍수 때 안양천 범람으로 수재민이 많이 생기자 수재민촌으로도 불렸습니다. 그해 9월 안양 삼영운수의 시내버스가 버스 노선을 개설하면서 안내판에 '수재민촌'으로 명기했던 것을, 이후 주민 회의를 열어 덕천마을로 바꿨습니다. 당시 안양천은 물이 더러워 이미지가 좋지 않았답니다. 그래서 이듬해인 1978년 9월, 어린이들이 샘솟듯 자라서 나라의 큰 일꾼이 되라는 뜻으로 큰 덕德 자에 샘 천泉 자를 써 덕천마을로 개명하고, 마을 입구에 '덕천마을' 이라는 표석을 세웠습니다.

  마을에 도착했을 때 낯익은 현수막이 군데군데 걸려 있었습니다. '생존권을 보장하라'고 손으로 휘갈겨 쓴 붉은 글씨는 1980년대나 1990년대 초 철거 투쟁 지역을 떠올리게 했습니다. 골목 입구에

작은 시장과 건물들이 줄지어 서 있는 걸 보니 한때 이 마을이 얼마나 활기찼었는지 짐작할 수 있었습니다. 멀쩡한 빈집들이 헐리기 직전의 모습을 보고 있노라니 뭐랄까요, 그 스산한 기분. 마치 아무도 찾지 않는 버려진 거대한 영화 촬영장 같습니다.

덕천마을의 개발 과정은 다음과 같습니다. 2006년 4월 17일 '정비 계획 수립 및 정비 구역 지정' 신청 후 9월 7일 경기도의 정비 구역 지정 및 고시를 거쳐 12월 19일 대한주택공사로부터 사업 시행자 지정 및 고시를 받았습니다. 그리고 2011년 4월 16일 일부 주민의 반대 속에도 안양체육관 보조경기장에서 '관리 처분 계획안'이 통과되고, 곧바로 2011년 4월 28일 삼성물산과 동부건설이 구성한 삼성컨소시엄을 시공사로 선정하기에 이릅니다.

당시 삼성 측이 제시한 사업 계획서에 따르면, 전체 사업 면적 중 공동주택 용지로 32층 높이의 17만6696제곱미터를 개발해 39∼165제곱미터 아파트 4276가구를 건설하고, 이 중 17%인 729가구는 임대 아파트로 짓는다는 것이었습니다. 그러나 당시 대한주택공사를 통한 공영 개발 방식을 취하고 있었음에도 수많은 철거 재개발 지역에서 나타나는 문제가 이곳에서도 반복되고 있었습니다. 전국철거민연합 김소연(43세) 씨는 당시 부동산 감정평가가 제대로 되지 않았다고 회상합니다. 주민들은 평당 1500∼2500만 원선에 거래되던 단독주택과 아파트의 감정가가 700∼1000만 원으로 저

평가됐다며 재평가하거나 사업을 전면 취소하라고 요구했습니다. 물론 감정가가 높아지면 신축 아파트 분양가는 그만큼 치솟게 됩니다.

　김소연 씨는 건축비를 둘러싼 논란에 대해서도 말해줬습니다. 2004년 사업 추진에 따른 예상 공사비가 4700억 원이었으나 이후 5950억 원으로 26.6% 증액됩니다. 공사비가 20% 이상 증액되면 반드시 주민 총회를 거쳐 승인을 받아야 하지만, 주민 대표 이 모 씨가 총회는 고사하고 통보조차 없이 사업 시행자인 주택공사와 합의해 버렸다는 것입니다. 이와 함께 2009년 5월, 일반 관리 명목으로 2825억 원이 책정되면서 공사비가 8775억 원으로 대폭 증액됐고, 그 후 또다시 9142억 원으로 늘어났습니다. 결국 사업비가 당초 설명보다 두 배 가까이 늘어난 것입니다. 그리고 이 과정에서 주민 대표가 사업 시행 및 구역 지정과 관련한 동의서에 주민들의 인감도장을 임의로 위조, 날인했다는 혐의를 받았고, 전체 3417세대 주민이 7000원씩 낸 돈의 사용 내역을 공개하지 않았습니다. 이에 대해 당시 안양시 관계자는 "공사비가 8775억 원에서 9142억 원으로 증액된 것은 현금 청산비가 계상되면서 늘어난 것으로 알고 있다"고 주장했습니다.

　이러한 연유로 주민들은 강압적으로 분양 신청을 할 수밖에 없었다고 주장합니다. 당시 전국철거민연합 소속 덕천마을 영세 가옥주 위원장 서재범(56세) 씨는 "덕천마을 주민들이 새로 지어지는 아파트에 입주하기란 사실상 불가능합니다. 그 부담금을 어떻게 마련할 수 있겠습니까?"라며 한탄했습니다. 대한주택공사가 공개한 자료에 따르면, 33제곱미터 연립주택을 소유한 주민이 84제곱미터 아파트에 입주하려면 약 1억8000만 원이라는 거금이 필요합니다. 그런데 대한주택공사에서 제시한 감정가 700만~1000만 원으로는 안양시 주변의 전셋집도 얻기 힘듭니다. 이렇게 마지막까지 남은 이들이 모여 2012년 7월, 전국철거민연합 안양 덕천 철거민대책위 출범식을 하게 된 것입니다.

덕천마을 철거민들의 요구

철거민들의 마지막 요구는 매우 소박했습니다. 이주 대책으로 공사가 끝날 때까지 순환식 개발을 하고, 가수용 단지를 지어 안정적인 거주 공간을 마련해 달라는 것입니다. 그리고 공공 임대 아파트를 더 많이 지어 형편이 어려운 주민들의 조건에 맞게 임대해 달라는 것이었습니다.

2006년 9월 7일 대한주택공사는 정비 구역 지정 3개월 이후 세입자들의 식구 수에 따라 4개월분의 이주비를 주겠다고 했고, 세입자들은 토지보상법 등에 따라 정비 구역 지정 3개월 이전 세입자와 같은 대우를 해 달라고 주장했습니다. 하지만 일반 세입자가 1천여 가구에 이르고, 이들의 입주가 가능한 공공 임대 아파트는 총 729세대에 불과한 것도 세입자 문제를 해결하는 데 어려움이었습니다. 결국 안양 최대 규모의 재개발 단지인 덕천마을 주택 재개발 사업 또한 원주민을 내몰고 이윤을 쫓는 개발로 진행됐던 것입니다.

이날 마을에서 오랫동안 자전거포를 운영하신 할아버지, 할머니를 만났습니다. 젊을 때 이 마을에 들어와 지금까지 자전거포를 하면서 자식들 교육시키고 시집 장가도 보냈답니다. 철거 용역반이 무섭지 않느냐고 여쭤 보니 우연히 길을 걷다가도 그들을 만나면 덜컥 겁이 난다고 합니다. 해가 지면 덩치 큰 사람들이 무리 지어 활보하고 다니면서 지나가는 사람들에게 함부로 쌍욕을 해대고, 공터에서 고기를 구워 술을 마시다가 행패 부리는 걸 본 적도 있답니다. 옆에서 듣던 할머니가 용역반원들이 빈집에서 동파이프와 알루미늄 창틀을 뜯어 몰래 팔다가 경찰에 불려갔다며 조용히 귀띔해주십니다. 해 질 무렵 무너지기 직전인 위태로운 마을에서 고등학생으로 보이는 청소년들이 빈집에서 우르르 몰려나와 서성이는 모습이 보입니다.

할아버지의 자전거를 빌려 타고 동네 한 바퀴를 돌았습니다. 사람들이 떠난 자리에 서서히 가을 들꽃이 피기 시작했습니다. 무성한 풀과 나무로 뒤엉킨 집들 사이로 가난한 이들의 사연과 눈물이 엿보여 안타깝습니다. 그 후 2012년 12월 27일 덕천마을 5층 아파트에서 재개발을 비관하던 50대 남성이 숨진 채로 발견됐고, 얼마 안 있어 30대 남성도 철거 직전의 폐가에서 숨졌다는 소식을 접했습니다. 그러다 2013년 2월 20일 7시부터 경찰 병력 1개 중대와 LH공사, 그리고 주원건설이 50여 명의 용역들을 동원해 마을 철거를 진행했습니다. 이를 막던 몇몇 철거민이 다쳐 병원에 실려 가기도 했습니다. 그 후엔 이곳이 여러 철거민 단체로 나뉘어 서로 입장을 달리한다는 암울한 소식이 들려왔습니다. 2013년에는 압력에 못 이겨 분양권을 받고 정리하거나 분양권을 포기하고 공지시가 보상금을 받는 등 철거 투쟁을 하나둘 정리했습니다. 마지막까지 남았던 세입자 30여 명은 임대주택을 받았고, 상가 세입자들은 현금 보상을 받고 정리했습니다. 자전거포를 운영하던 두 내외분의 소식도 찾았지만, 그 분들이 어디로 떠났는지는 알 수 없었습니다.

덕천마을의 현재

2015년 봄, 덕천마을을 다시 찾았습니다. 황사가 짙게 깔린 마을은 커다란 펜스에 둘러싸인 채 트럭과 포클레인이 분주히 오가고 있었

습니다. 덕천마을로 들어가는 굴레방다리 입구 식당에서 늦은 점심을 주문하고 식당 주인에게 최근 상황을 들었습니다. 현재 덕천마을 1788가구의 재개발 시공사인 동부건설이 법정 관리에 들어가면서 문제가 생겼답니다. 물론 시공사가 파산해도 다른 시공사가 공사를 이어 진행하고, 분양 보증을 받은 아파트라면 대한주택보증이 시공사를 새로 선정해 공사를 재개할 수도 있습니다.

하지만 이와 별개로 재개발 조합원들이 추가 분담금 등의 문제를 떠안게 될지도 모릅니다. 결국 건설사의 무책임한 경영으로 애꿎은 조합원들만 피해를 보게 되는 것입니다.

덕천마을 재개발 투쟁은 그 규모만큼 관련 단체와 철거민들의 노력이 있었습니다. 주거권 침해에 맞서 싸우긴 했지만, 이주 대책 수준이 철거민 주거권 운동에 큰 영향을 미칠 정도로 나아가지는 못했습니다. 가장 안타까운 건 어쩔 수 없이 삶의 터전을 떠날 수밖에 없는 자전거포 내외분과 같은 주민들입니다. 아마 또 어디선가 덕천마을과 같은 사례가 수없이 반복되고 있겠지요. '민중 권력 쟁취'라는 구호가 주거권 운동이나 철거민들의 처절한 투쟁과 어떻게 맞물려야 하는지 진지한 성찰이 요구되는 시점입니다.

전통 시장 이야기

땡볕에 흐물거리는 아스팔트 열기나
살 속을 파고드는 추위마저도
단속만 하랴만은
밤늦도록 자리를 지키는 것은
내 손 바라보고 사는 자식들 때문입니다

가로등 제 빛을 찾아갈 때
무심한 사람들의 발걸음 사이 고개 숙이고
가슴속 생채기를 삭이며
한 구석 엉덩이 붙이고 자리를 지키는 것은
그저 바라는 것 없이 자식들 먹여 살리는 것뿐입니다

호각 소리와 함께 몰려와
싹 쓸어가는 험한 단속에도
칡뿌리 같은 삶을 살아가는 노점상에게
손수레가 생명줄이기에
그마저 결코 포기할 수 없어
오늘도 이렇게 팔 걷어붙이고
사나움을 피워댑니다

- 손수레가 생명줄이기에

관계를 믿는 상생의 공간

대형 마트가 들어서기 전에는 동네마다 시장이 있었습니다. 서울에는 통인시장, 공덕시장, 남대문시장 등이 있는데, 이를 전통 시장혹은 재래시장이라 합니다. 예전에는 두 명칭을 어울러 썼지만, 재래시장이란 이름이 낙후된 이미지가 강하다는 이유로 2012년 '전통 시장 및 상점가 육성을 위한 특별법'이 제정되면서 전통 시장으로 불리기 시작했습니다. 조선 시대에는 '시전市廛'이라 불렸는데, 당시 종로통이나 남대문 근처는 모두 시전이었다고 전해집니다. 중소기업청 자료를 보면 전통 시장 수는 2013년 1326개이며, 매출액은 2010년 21조4000억 원에서 2013년 19조9000억 원으로 7%줄었습니다.

서울의 대표적인 전통 시장인 청량리전통시장을 찾았습니다. 지하철 1호선 제기동역에 내리면 '한솔동의보감'이라는 건물이 보입니다. 이곳은 1971년 철거된 성동역이 있던 곳으로, 1975년에 지하 2층, 지상 5층의 성동백화점이 들어섰고, 1976년에는 이름을 바

꿔 가고파백화점으로 운영했습니다. 크리스마스 때 산타 할아버지가 선물을 준다는 소문이 인근 초등학교에 퍼져 온 동네 아이들이 몰려들던 곳이기도 합니다. 산타를 보기 위해 추운 겨울날 동네 형들과 안양천을 따라 두 시간 넘게 걸어 백화점으로 향했던 기억이 아직도 생생합니다. 가고파백화점은 1978년 미도파백화점으로 이름을 바꿨다가 지금은 한솔동의보감이 됐습니다. 전통 시장에 관심을 갖게 된 데에는 유년기 경험도 한몫했지만, 대형 마트에 밀려 점차 사라져 가는 추세이기 때문입니다. 하지만 청량리전통시장은 시장 규모나 거래량에서 여전히 그 명맥을 유지하고 있을 뿐 아니라 제가 속한 노점상 단체 회원들이 오래전부터 이곳에서 장사를 해 친근한 시장이기도 합니다.

서울시 동북권 최대의 전통 시장

오래전부터 형성된 동대문구 제기동의 서울약령시장과 경동시장은 국내에서 유통되는 한약재의 80%가 거쳐갈 정도로 규모가 큽니다. 강원도에서 생산된 한약재들이 청량리 부근의 전통 시장에 모이면서 1960년대 이후 1000개가 넘는 한약방이 성행했습니다. 1960년 서울시는 이곳에 시장을 공식적으로 허가했습니다. 청량리시장, 경동시장, 청과물시장, 제기시장 등 많은 전통 시장이 제기역에서 청량리역까지 약 1킬로미터 거리에 밀집해 있었기 때문입니다. 신설동에서 차근차근 내려오다 보면 청량리를 잇는 왕산로에 서울약령시장이 자리 잡고 있습니다. 이곳을 지나칠 때면 한약 냄새가 물씬 풍깁니다. 이 근처에서 장사하는 정병찬 씨(54세)는 대다수 노점상이 고령이고 평생을 고되게 살았지만, 매일 한약 냄새를 맡아서인지 모두들 기운도 세고 건강하다며 우스갯소리를 합니다. 현재 이곳의 노점들은 기존의 파라솔을 걷어내고 인도 위로 차광막을 설치했습니다. 구청과 시장 상인 그리고 노점상이 합의해 햇빛과 비바람을 막고 좀 더 쾌적한 장소가 되도록 자비를 들여 공사를 한 것입니다. 노점상과 상인, 거리를 걷는 시민이 공존하기 위한 노력은 더할 나위 없이 좋은 것이지만, 아직도 노점은 현행법상 불법이기 때문에 구청장이 바뀌면 언제 행정이 변할지 몰라 여전히 불안합니다.

시장 곳곳엔 오랜 흔적이 고스란히 남아 있어 전통 시장의 특징을 잘 보여 줍니다. 이곳 시장의 묘미는 실핏줄처럼 이어져 있는 골목입니다. 처음엔 그저 작은 시장이었던 것이 세월이 지나면서 경동시장, 청과물시장, 약령시장 그리고 건너편 수산시장 등 각각의 전문 시장으로 분화되었습니다. 시장 뒤편의 시멘트 벽돌담과 낡은 개량 한옥, 나무 대문 등은 예전 그대로의 모습으로 자리를 지키

고 있지만, 최근 빌라들이 들어서면서 조금씩 변하고 있습니다.

이곳의 가장 커다란 매력은 새벽에 열리는 시장입니다. 좀 더 부지런히 발품을 판다면 낮과는 사뭇 다른 모습을 엿볼 수 있습니다. 이른 새벽 대로를 사이에 둔 약령시장 건너편 청과물시장을 찾았습니다. 입구부터 도로 양쪽으로 상가들이 나란히 서 있고, 그 사이엔 물건을 실어 나르기 위해 정차된 대형 트럭들로 불야성을 이룹니다. 여기저기서 들리는 상인들의 흥정 소리에 이곳이 시장임을 실감합니다. 청과물시장 큰길에는 대형 트럭에 실려 온 과일 상자들이 일정한 패턴으로 차곡차곡 쌓여 있습니다.

그 사이사이 리어카에 아슬아슬하게 짐을 싣고 가는 사람들이 보입니다. 매일 새벽마다 반복되는 일정한 흐름과 규칙은 상인들의 노동이 축적되면서 효율적인 생산을 위해 만들어진 것입니다. 이렇듯 오랜 세월 축적된 흔적들이 누군가에 의해 빼앗기지 않고, 온전히 시장에서 일한 사람들의 것이 될 때 더 아름답지 않을까 싶습니다. 이날도 익숙한 솜씨로 물건을 나르고, 흥정하는 상인들의 모습을 볼 수 있었습니다.

부모의 손을 잡고 따라온 잠이 덜 깬 아이는 눈을 비비며 시장 안을 구경합니다. 크고 작은 점포들이 오밀조밀 모여 있는 건물을 지나면 식당 골목이 나타납니다. 자주 가는 길인데도 정신을 차리지 않으면 길을 잃기 십상입니다. 역시 시장에 가면 새벽의 허기진 배를 채우는 즐거움을 놓칠 수 없습니다. 청과물시장 뒤편 감자탕집을 찾아들어갔습니다. 넓적한 냄비에 담긴 싱싱한 채소, 수북한 돼지 뼈, 하얀 알감자가 오래된 식당의 연륜을 보여줍니다. 식사를 마치고 한 블록 걸으니 작은 철창 안에 갇힌 개들이 보입니다. 근처에는 보신탕집도 간간이 있습니다. 새벽의 인기척에 개들이 일제히 짖기 시작합니다. 이곳에선 1년 365일 밤도 잊은 채 동이 터올 때까지 일하는 상인들의 모습을 볼 수 있습니다. 신경림 시인은 〈파장罷場〉이라는 시에서 "못난 놈들은 얼굴만 봐도 흥겹다"고 노래했습니다. 마치 시의 한 장면처럼 시장 한 귀퉁이에 노점상들이 삼삼오오 모여 이른 식사로 추위와 배고픔을 달래며 정겨운 담소를 나누는 모습이 보입니다. 제철과일이며 풍성한 채소가 상인의 흥정 소리에 맞춰 어디론가 팔려 갑니다. 식료품은 물론 순대, 돼지 족발 등 먹거리와 생필품이 전국 각지에서 모이는 청과물시장은 밤낮을 교차하며 열심히 일하는 사람들의 소중한 삶의 터전입니다. 장사란 무조건 이익을 남기기 위한 것이 되어서는 안 됩니다. 그만큼 사람과 사람 간의 신뢰가 중요하다는 것이겠지요. 그저 돈을 쫓기보다는 신용을 통해 자산을 쌓고 관계를 만드는 것이 더 큰 이윤을 남기는 법입니다.

노점상 시인 홍정자 어머니

홍정자(71세) 씨는 청량리 약령시장 앞 사거리에서 채소 장사를 합니다. 그게 벌써 30년이 넘었답니다. 이 분은 틈틈이 시도 씁니다. 젊은 시절부터 썼다니 시심을 가진 지도 한참 되었을 겁니다. 언젠가 지나가다 포장지 위에 무언가 적고 있는 모습을 본 적도 있습니다. 이렇게 쓴 시는 노점상 단체가 발간하는 신문에 실려 사람들이 감상합니다. 한번은 제게 부끄럽지만 읽어보라며 그동안 쓴 시를 준 적도 있습니다. 아래는 홍정자 어머니가 쓴 〈옛날 얘기〉라는 시입니다.

옛날 얘기

나 돌이켜 보니

저만치 물장구치는 모습이

주마등처럼 스친다

얼마나 짜릿하고 아름다운 시절이었을까

이 사람이 저 사람이고

저 사람이 나였을 것인데

실배암처럼 봇물도 튕겼던 나날들

부끄럽기 짝이 없어라

'저만치 물장구치는 모습'이라는 구절을 읽으니 어린 시절 고향이 떠오릅니다. '실배암처럼 봇물도 튕겼던 나날들 부끄럽기 짝이 없어라'라고 노래하는 부분에선 소녀 같은 그녀의 감성을 엿볼 수 있습니다. 틈틈이 노점상 단체의 풍물패 '천둥소리'에서 장구를 치는 홍정자 어머니는 장구 칠 때가 가장 행복하다며 쉬는 날이면 손에서 장구를 놓지 않습니다. 2015년 대보름을 하루 앞둔 날 길놀이와 풍물 공연이 있다고 해 이곳을 찾았습니다. 그녀의 흥겨운 모습을 기대했지만, 이젠 몸이 예전 같지 않아 장구 치는 걸 잠시 쉬고 있답니다.

"난 꿈을 묻어 두고 외면하면서 노점을 시작했어. 그렇게 하루하루 살다가 정겨운 사람들을 만나면서 점점 삶에 애정을 갖게 됐지. 소박하지만 늘 그들과 함께할 수 있어서 행복해. 장사하는 이웃 중 '붕어 아줌마'라고 불리는 분이 있어. 붕어, 토끼, 햄스터, 새 등 살아 있는 동물을 팔다 보니까 주변에 늘 호기심 어린 아이들이 북적대지. 그 분은 오랫동안 노점을 하며 홀로 다섯 남매를 키워 시집 장가도 다 보냈어. 언제 봐도 당당하고 목소리도 걸걸해. 요즘은 늦은 나이에 한글을 배워. 오전엔 학원에서 공부하고, 운전면허증 딴다고 장사하는 틈틈이 책도 봐. 운전을 배우면 조그만 차라도 몰면서 장사하고 싶대. 손자를 태우고 다니면 며느리랑 사위가 얼마나 좋아하겠느냐고. 나도 붕어 아줌마처럼 소박하고 작은 희망을 언제나 가슴에 품으려고 해. 안방에도, 내 장사하는 손수레에도, 어디든 희망을 걸어두고 싶어."

이제 붕어 아줌마의 소식은 들을 수 없지만, 지금쯤이면 아마도 그녀의 소박한 꿈을 이루지 않았을까요.

왕년의 전통 시장이 아니랍니다

언제부터인가 시장은 사람 냄새 물씬 풍기는 장터가 아니라 살벌한 고성이 오가는 전쟁터로 바뀌기 시작했습니다. 이렇게 된 이유 가운데 기억할 만한 사건이 있습니다. 2011년 청과물시장 상가 맞은편에서 인도를 사이에 두고 수십 년간 떡을 팔던 할머니가 단속 나온 구청 직원들에게 떡을 빼앗겼습니다. 상가 측에서 구청에 민원을 넣어 노점을 없애달라고 했기 때문입니다. 구청에서 나온 사람들은 할머니의 떡 바구니를 모두 수거해 갔습니다. 그러고는 '더 이상 이곳에서 장사를 해서는 안 된다'는 통지문을 만들어 배포했습니다. 상가 상인들도 노점상에게 자리를 치우라고 했습니다. 수십 년 동안 공생하던 노점상과 상인들이 상권을 두고 다투기 시작한 것입니다.

급기야 2011년 말에는 천막 치는 노점상을 상가 상인들이 가로막는 일까지 벌어졌습니다. 수십여 명의 상인들이 노점상 한 명을

에워싼 채 "천막을 철거하라!"고 위협했답니다. 이런 모습을 구청 공무원과 경찰들은 바라보기만 했습니다. 오히려 노점상은 불법 이므로 자리를 양보하라며 상가 상인 편을 들었습니다. 다행히 일부 선량한 상인들의 중재로 대립과 갈등은 가라앉았습니다. 전통 시장 내에서 허가 받은 상인과 그렇지 못한 노점상 간의 대립은 어찌 보면 안타까운 일입니다. 서로 협력해 전통 시장을 살리기 위해 노력해야 하지만, 경기 침체로 장사가 안 되다 보니 서로 다투는 일이 종종 벌어지는 것입니다. 거리에서도 마찬가지입니다. 10년간 살아남은 자영업자가 10명 중 2명도 안 되는 실정이다 보니 상가와 노점상 간의 크고 작은 갈등은 이곳뿐만 아니라 전국적으로 늘어나고 있습니다.

대기업 2세, 3세들도 길거리 음식 사업에 뛰어들기 시작했습니다. 2007년 고려대학교 앞의 죠스떡볶이 1호점을 시작으로 2013년에는 전국 280여 개의 가맹점을 보유한 (주)죠스푸드가 생겼습니다. 2001년 이화여자대학교 앞에 문을 연 '아딸'이라는 떡볶이 체인점이 전국에 약 900개 매장으로 선두를 달리고 있고, 죠스떡볶이 120개, 국대떡볶이가 70개로 그 뒤를 바짝 쫓고 있습니다. 이들의 시장 규모는 약 1조 원을 넘어선 것으로 추산됩니다. 상황이 이러하니 상권을 둘러싸고 떡볶이 노점상과 상인 간 갈등이 깊어질 수밖에 없습니다.

함께 살 길은 없는가?

전통 시장 상인들은 그들 나름대로 '장사가 안 된다'고 난리입니다. 동네마다 대형 마트가 우후죽순으로 생겨나면서 전통 시장 상인들은 벼랑 끝에 내몰린 지 오래입니다. 하지만 이들이 생존할 수 있는 대안이 전혀 없는 건 아닙니다. 대형 마트는 대형 마트에 맞는 품목을, 전통·골목 시장은 그곳에 맞는 품목을 팔며 공생하는 방법을 찾아야 합니다. 이미 독일, 프랑스 같은 선진국에선 대형 마트가 1차 식품을 아예 안 팔거나 팔더라도 품목을 엄격히 제한하고 있습니다. 한국도 일부 품목을 규제하고는 있지만 대형 마트가 실질적으로 양보하지 않는 상황에서 거기에 맞서 살아남을 상인은 거의 없을 겁니다. 인정 넘치던 시장은 점차 사라지고 대기업의 유통업체와 전통 시장 그리고 허가받지 못한 노점상 간의 경쟁만 남았습니다. 이러한 경쟁은 결국 모두를 부자로 만들기는커녕 갈등의 골만 깊게 할 따름입니다. 전통 시장과 골목 상권의 위축에 대한 경고는 그래서 시급히 해결해야 할 문제입니다. 따라서 대기업 프랜차이즈 불공정 거래 행위나 갑질에 대한 분명한 규제가 더욱 필요합니다.

2015년에도 대보름날 청량리전통시장을 찾았습니다. 노점상들이 풍물패를 앞세워 지신밟기를 하고 있었습니다. 이들은 '만수무강과 부자되게 해 달라'는 소원을 실어 덩더꿍 덩더꿍 풍물을 두드리며 한바탕 신명나게 시장 곳곳을 돌았습니다. 서로 얼굴을 붉히던 상인들도 이날만큼은 노점상들에게 박수와 환호를 보내거나 만 원짜리 지폐를 꺼내 성큼 넣어줍니다. 모두들 일 년 열두 달이 오늘처럼 신명나고 장사 잘 되면 좋겠다며 입을 모읍니다. 노점상이 있기에 전통 시장이 더욱 풍성해지고, 노점상도 상인도 함께 잘사는 전통 시장이 되었으면 좋겠습니다.

MB의 목도리 할머니와 현대화 사업

시장의 역할은 참으로 다양합니다. 단순히 물건을 사고파는 경제
행위만이 아니라 인근 주민에게 오락거리를 제공하거나 유흥과 문
화를 주도적으로 선보인 곳이 바로 시장입니다. 송파구 가락시장
도 마찬가지입니다. 송파에는 한국의 대표적인 전통놀이 중 하나인
'송파산대놀이'가 아직까지도 전해집니다. 조선 후기 전국에서 열

다섯 손가락 안에 드는 큰 시장이 바로 송파장이었다고 합니다. 송파장이 가장 번성했을 때 '송파산대놀이'도 함께 성행했는데, 오늘날까지도 변함없이 이어지고 있습니다. 상권이 형성된 곳에선 사람을 끌어모으기 위해 다양한 놀 거리와 볼거리를 제공합니다. 게다가 새로운 여론을 형성하기에 시장처럼 좋은 곳도 없습니다. 선거 때마다 후보들이 시장을 찾는 것도 그러한 이유 때문일 겁니다. 이처럼 시공간을 좁히면서 서로를 연결시키는 곳이 바로 시장입니다.

MB의 목도리 할머니 안녕하십니까?

2008년 12월 가락시장을 찾은 이명박 대통령 품에서 하염없이 우시던 박부자(81세) 할머니를 기억할 겁니다. 당시 언론에서는 연말을 앞둔 대통령의 친 서민 행보라며 크게 보도했습니다. 할머니의 목에 따뜻한 목도리를 둘러 주는 대통령의 모습에 많은 사람이 눈시울을 붉혔다고 합니다. 그 후 박부자 할머니는 '목도리 할머니'로 불리게 되었습니다. 문득 할머니가 어떻게 지내시는지 궁금해졌습니다. 2012년 12월 13일 새벽, 가락동 농수산물시장을 찾았습니다. 며칠간 한파가 매섭게 지속되다가 막 날씨가 풀린 날이었습니다. 새벽장이 열리는 직판장 안에는 경매사들이 열띤 흥정을 벌이

고 있었습니다. 목도리 할머니를 찾아 가락시장 남문부터 북문까지 걸었습니다. 북문 근처의 관리 공사 앞에서 몇몇 분들과 함께 불을 쬐고 있는 목도리 할머니를 만났습니다. 처음에는 본인이 아니라고 하더니 결국 어떻게 왔냐고 묻습니다. 할머니는 여전히 그곳에서 하루 3만 원 남짓 벌기 위해 배추 경매가 끝나고 남은 시래기를 싸게 구입해 판다고 합니다.

"어쩔 수 없지. 이렇게라도 벌어서 먹고 살아야지." 목도리 할머니는 힘든 심정을 드러냈습니다. 어디 불편한 데는 없는지 물으니, 얼마 전 맹장 수술을 받고 곧이어 하지 정맥류 수술을 받아 병원비가 많이 들었답니다. 기초생활수급비 30만 원을 받아 보증금 500만 원에 월세 20만 원짜리 단칸방에 사는데, 의료보험 혜택도 못 받았답니다. 요즘 가락시장에 현대화 사업이 진행되면서 장사를 그만두라고 할까봐 늘 불안하다고 합니다. 시장을 찾는 사람도 전보다 줄어 정말 속상하다는 말도 덧붙입니다. 슬쩍 이명박 전 대통령 이야기를 꺼냈습니다. 그러자 할머니는 "개코나 하나도 바뀐 게 없어. 대통령이 아니라 천하 없는 사람이 와서 목도리를 갖다 주면 뭐하고 악수하면 뭐 해?" 방송과 신문에도 나왔지만 변한 건 없고 오히려 살기만 더 팍팍해졌다고 버럭 역정을 내십니다. 청와대에 초청돼 밥 먹은 것과 손목시계 받은 것 말고는 아무것도 없답니다. 게다가 대통령에게 아파트를 선물 받았다는 헛소문까지 돌아 속상해

죽을 뻔했답니다. 대통령의 목도리와 무관하게 할머니의 일상은 평범했습니다. 아니 오히려 주변의 불필요한 시선에 시달려 불편한 듯했습니다.

이명박 정부는 임기 내 747 공약을 내세웠습니다. 연간 7%의 경제성장과 1인당 국민소득 4만 달러로 세계 7대 경제 대국으로 진입하겠다는 공약이었습니다. 임기가 끝난 후 새로운 정부가 들어섰습니다. 2014년에는 송파에서 세 모녀가 스스로 목숨을 끊는 사건도 있었습니다. 박부자 할머니와 같은 서민의 살림살이가 과연 나아졌는지, 화려한 공약들은 얼마나 지켜졌는지, 오히려 서민에게 상처만 남긴 건 아닌지 모르겠습니다. 가난한 이들의 생존 공간이 어떻게 유린되고 있는지 살펴보기 위해 박부자 할머니를 찾아갔습니다. 박부자 할머니의 미래를 더욱 암울하게 하는 것은 삶의 터전을 위협하는 가락시장 현대화 사업입니다. 그날 저는 가방에서 목도리를 꺼내 할머니께 감아 드렸습니다. 정권에 의해 할머니가 여론의 희생양이 된 것 같아 안쓰러움이 밀려왔습니다.

비록 노점에서 구입한 목도리지만, 가난한 사람들의 진심을 담아 찬바람을 막아 줄 거라 믿습니다. 2015년 봄 다시 가락시장을 찾아가 주변 노점상들에게 박부자 할머니의 근황을 물으니 이젠 시장에 잘 나오지 않는답니다. 그 외에 더 자세한 소식은 들을 수 없었습니다.

가락시장 현대화 사업은 잘되어 가는가?

새벽 6시가 조금 넘은 시간 가락시장에서 과일을 팔고 있는 김우성 (54세) 씨를 찾았습니다. 김우성 씨는 식당을 운영하다가 20년 전부터 가락시장에서 장사를 시작했습니다. 노점상 단체 송파 지역의 책임을 맡아 온 그분과 저는 오랜 인연이 있습니다. 멀리 희미한 가로등 아래 김우성 씨의 모습이 보입니다. 차가운 바람을 막기 위해 귀마개를 하고 두툼한 옷을 껴입은 모습이 마치 커다란 곰 같습니다. 저를 보자 밥부터 먹자며 근처 식당으로 데려가 김치찌개를 주문합니다. 새벽 찬바람에 출출했는데, 얼큰한 국물이 몸을 훈훈하게 데웁니다. 김우성 씨에 따르면 우리나라 최대의 농수축산물 시

장인 가락시장은 1985년에 지어졌다고 합니다. 전에는 이곳의 하루 유통량이 무려 7300톤으로, 서울 시민 먹을거리의 약 50% 정도를 차지할 정도로 상권이 발달했었지만, 이제는 물량이 많이 줄었다고 합니다.

　물론 가락시장은 경매가 본격적으로 진행되는 시간에 차량이 다닐 수 없을 정도로 혼잡하고, 무엇보다 시설이 노후해 현대화 사업 추진이 현실적으로 타당합니다. 2002년부터 이전을 검토하다가 이명박 정부가 들어서면서 현재 자리에 재건축하는 방향으로 현대화 사업을 추진해 왔습니다. 이곳에 투여될 예산은 2005년 예비 타당성 조사에서 4648억 원 수준이다가 2006년에 5040억 원, 이후 또다시 껑충 뛰어 총 7581억 원이었습니다. 그러다 이제는 1조 원이 훨씬 넘는 예산이 들어갈 예정이라고 합니다. 이 비용은 중앙정부 재정 30%, 서울시 재정 30%, 국고 융자 40%로 추진됩니다. 이 사업은 농수축산물 도매시장으로서 가락시장의 역할이 확대될 것이라는 전제 아래 추진되는 것입니다. 하지만 가락시장은 2000년 이후 거래 물량이 정체되고 하향세를 보이고 있습니다. 농수산식품공사는 거래 금액이 증가해 기능이 확대될 것으로 예측하지만, 시설 확충은 거래 물량을 근거로 하는 것이 타당하므로 현재로서는 밑 빠진 독에 물 붓기 식의 투자입니다. 이에 대해 김우성 씨는 가락시장 현대화 사업의 사업 기간이 늘어나면서 총 사업비가 눈덩이

처럼 불어나고, 유통인들의 요구를 충분히 반영하지 못해 일부 상인들이 입주를 거부하는 지경에 이르렀다고 지적합니다.

이처럼 현대화 사업이 기약 없이 미뤄지면서 시장 곳곳이 공사로 파헤쳐져 있어 가락시장을 찾는 사람들의 발길도 뜸해지고 장사도 예전만 못하다고 합니다. 특히 김우성 씨는 현대화 사업이 끝나도 가락시장 비허가 노점상들이 계속 장사를 할 수 있을지 걱정이 이만저만이 아니라고 합니다. 생계 수단을 잃을까 걱정하는 이는 박부자 할머니뿐만이 아닙니다. 가락시장 안에는 떼어 온 채소 등으로 노점을 펼쳐 생계를 꾸리는 비허가 상인이 수백 명에 이릅니다. 이들에 대한 대책 마련 또한 병행되어야 할 것입니다. 새벽안개가 걷히고 동이 터 옵니다. 가락시장 내 수산시장 쪽으로 들어서니 장사 준비를 하던 노점상들이 달려와 이런 늦은 시간에 웬일이냐며 커피를 건넵니다. 몸조차 가누기 어려워 보이는 할머니들이 겹겹이 옷을 껴입은 채 장사를 하고 있었습니다. 한겨울 추위에 부르튼 손을 보니 가슴이 먹먹해 옵니다. 수산시장 막내라고 불리는 노점상에게 오래전 이명박 전 대통령이 다녀간 사실을 아냐고 물으니 대뜸 "대통령이 우리 시장에 찾아오면 뭘 해요. 사람들 발길이 점점 뜸해지면서 어려운데. 뭐 좀 나아지는 게 있어야지…"라며 푸념을 합니다. 그리고 하루하루 벌어 먹고살 수 있도록 가만히 내버려 뒀으면 좋겠다는 말도 덧붙입니다. 공사 현장을 지나 대로변으로 나왔습니다. 해뜨기 직전의 매서운 추위가 몰아닥칩니다. 아무리 춥다 해도 서서히 밝아 오는 아침 햇살을 막을 순 없는 법입니다. 가락시장 상인들 모두의 마음에 따뜻한 햇살이 비췄으면 좋겠습니다.

현대화 사업이 디자인화 사업으로 바뀌다

현대화 사업의 내역은 다음과 같습니다. 국고 융자금은 연리 3%로 2025년부터 13년간 갚아야 하며, 연간 233억 원에 달하는 상환 비용이 발생합니다. 하지만 2010년 농수산식품공사의 전체 영업 수익은 481억 원으로, 이 중 영업 비용 390억 원을 제외한 순 영업 이익은 100억 원도 되지 않았습니다. 즉, 현재보다 순익이 3배 넘게 나야 융자금을 상환할 수 있다는 뜻입니다. 그렇다면 부족한 비용은 어디서 충당할까요? 2010년까지만 해도 농수산식품공사는 전액 시설 운영을 통해서 갚겠다는 계획이었습니다. 하지만 이러한 계획은 도매상인의 유통 수수료 인상과 직판 상인들의 임대료 및 보증금 인상으로 이어져 현대화 사업비를 가락시장 상인들에게 전가하는 것입니다. 결국 물건을 구입하는 서울 시민과 소비자들이 부담할 수밖에 없게 됩니다.

그뿐만 아니라 시장 기능을 살려 유통 비용을 절약하는 구조가 무시되고, 그럴듯한 디자인만 강조한 현대화 사업이 계획되었습니다. 가령 옥상에 뚜껑을 덮고 그 위에 공원을 만들어 분수대와 산책로 등을 설치하겠다는 초기 계획이 그것입니다. 하지만 채소에서 나오는 가스와 흙먼지는 어디로 빠져나갈지 예측조차 할 수 없는, 한마디로 시장 상인들이나 이곳을 찾는 소비자들의 건강 따위는 안중에 없는 계획을 내놨던 것입니다. 가락시장 현대화 사업이 진행될수록 상인들은 물론 노점상들의 피해도 만만치 않습니다. 이들 중에는 가락시장이 형성되기 전에 용산시장에서 이주한 영세 상인들이 많습니다. 용산시장의 허가 및 임대 입주권을 취득하지 못한 사람들이 개장 당시부터 가락시장에 터를 잡고 농수산물 도매 거래 후 매잔품 처리를 전담하며 장사를 해 왔던 것입니다. 소매상인과 노점상을 비롯한 비허가 상인들은 그동안 일반 소비자를 상대로 장사를 하거나 식당, 급식 업체에 소규모 도매 형태로 농수산물을 납품하며 가락시장 활성화에 기여해 왔습니다.

한편 1단계 공사 기간에는 18층 높이의 업무동 1개가 지어지고, 이곳에 농수산식품공사 업무 공간과 부대시설, 그리고 직판 시장이 들어섭니다. 3층으로 지어지는 직판 시장엔 1200개의 상가가 들어선다고 합니다. 현재 가락시장에서 허가를 받고 장사하는 직판 상인은 대략 2000명이 넘습니다. 그렇다면 결국 800명의 직판 상인은 이곳을 떠나야 할 처지인 것입니다. 노점상들은 송파 지역의 시민

단체들과 함께 천문학적으로 치솟는 서울시 부채와 연동해서 불필요한 시설을 최소화하고, 모든 사람이 공존할 수 있는 합리적인 시장으로 재건축되어야 한다고 주장했습니다. 2011년 5월 22일 1단계 사업 구간의 공사가 추진되자 비허가 노점상 약 45명은 오랫동안 장사했던 곳을 떠나 현재의 자리로 옮겨 새로운 터전을 마련했습니다. 물론 이도 공사가 완공되기 전까지의 임시방편입니다.

2011년 서울시장 선거에서 박원순 후보가 당선됐습니다. 가락시장 노점상들과 송파 지역 시민사회단체 간부들은 박원순 시장과 간담회를 열었습니다. 이 자리에서 박원순 시장은 모두가 상생할 수 있는 방법을 모색하자는 취지에 동의하고, 현대화 사업의 문제에 따른 재검토 의견을 밝혔습니다. 하지만 가락시장을 관리하는 농수산식품공사는 "현대화 사업 이후에는 비허가 상인과 노점상들은 장사를 할 수 없다"는 말만 되풀이했습니다.

2015년 김우성 씨를 찾아가 현대화 사업의 진행 경과를 들었습니다. 서울시는 여러 가지 문제를 해결하기 위해 갈등조정위원회를 구성했습니다. 현대화 사업을 둘러싸고 도소매 분리, 시장 도매인제 도입 등의 문제로 인해 가락시장 내 직판 임대 상인과 중도매상인 간 갈등이 있으며, 노점상과 같은 비허가 상인들의 문제도 중첩되어 있습니다. 이 밖에도 현대화 사업을 추진하는 과정에서 시설의 구조와 기능이 유통 현실과 맞지 않는다는 점이 공통적으로 지적됩니다.

비허가 노점상들은 현대화 사업 이후 대안 마련을 위해 전국의 유명 전통 시장을 견학했다고 합니다. 갈등조정위원회를 통해 여러 가지 방안을 검토했지만, 상인들은 아시아 최대 농수산물시장으로서 중국과 동남아 관광객들이 많이 방문하는 가락시장을 알리고 싶어 합니다. 따라서 홍보할 수 있는 기념품이나 공예품을 예술가들이 직접 제작해 판매하고, 액세서리나 그림 등의 문화 상품과 한국 특유의 길거리 음식이 병존하는 전통 시장으로 만들자고 주장합니다. 도매잔품을 유통하는 전통 시장의 기능을 노점상들이 수행하는 것은 결국 도매시장인 가락시장의 규모를 더 확장시킬 것이라는 점도 강조합니다. 따로 예산을 편성하지 않아도 문정동 미래형 업무 단지와 풍납동 미래마을 역사문화공원 조성 그리고 가든파이브 등으로 송파 관광 벨트를 만들겠다는 송파구의 계획과 맞물려 가락시장 내 문화 특구 전통 시장이 조성된다면 송파의 명소가 될 수 있다고 자신하는 것입니다.

자갈치 아지매와 굳세어라 금순아

부산역에서 지하철을 타고 자갈치역에 내려 한 블록만 가면 부산
의 명물 자갈치시장을 만날 수 있습니다. 오래된 상가 건물을 지나
면 생선을 파는 상인들이 보입니다. 부산하면 자갈치, 자갈치하면
아지매 아니겠습니까? 비릿한 바다 내음이 코끝을 스치고, 멀리 뱃
고동 소리와 갈매기 울음소리도 희미하게 들려옵니다. "아저씨, 어

서 오이소." 싱싱한 해산물을 손에 쥔 자갈치 상인의 억센 목소리를 들으며 이곳이 부산의 자갈치시장임을 실감합니다. 자갈치시장은 부산광역시 중구 남포동과 서구 충무동에 걸쳐 있습니다. 원래는 현재 부산 시청이 있는 용미산 동남쪽 해안과 남포동 건어물시장 주변에 자리 잡았으나, 1930년대 남항이 매립된 뒤 지금의 위치로 옮겨왔습니다. '자갈치'라는 이름은 충무동 로터리까지 뻗어 있던 자갈밭을 자갈처塵라 불렀던 데서 유래했다고 합니다.

자갈치시장 현대화 사업

자갈치시장의 출발은 1889년 부산수산주식회사가 생기면서부터입니다. 1922년 부산어업협동조합이 남포동에 건물을 짓고 위탁판매 사업을 시작하자 상인들이 모여들었습니다. 그 뒤 부산수산주식회사는 국내 최대의 어시장인 현재의 부산공동어시장으로 발전했고, 남항에서 출어하는 영세 어선들의 어획물을 다루는 부산어업협동조합 위탁판매장 주변으로 상인들이 모여 지금의 자갈치시장을 이루었답니다. 현재는 전용면적 7243제곱미터에 부산어업협동조합·어패류조합 등 480여 개의 점포가 근대화된 어시장을 형성해 주로 연안이나 남해에서 잡히는 대구, 청어, 갈치, 조개, 해

조류 등을 판매하고 있습니다.

자갈치시장과의 인연은 2005년 자갈치시장 현대화 사업 계획이 수립되면서부터 시작됐습니다. 당시 언론에선 자갈치시장 주변 노점상 정비와 단속 기사가 한참 흘러나왔습니다. 제가 소속된 단체는 비허가 노점상이라는 이유로 생존권을 침해당하는 문제를 함께 풀어 나가는 활동을 주로 합니다. 명함과 유인물을 잔뜩 싸 들고 자갈치시장을 찾았습니다. 시장 앞으로 도로가 뚫려 노점상이 없어질 운명이라는 기사를 보고 무작정 찾아간 것이었는데, 막상 자갈치시장 노점상들은 천하태평이었습니다. 현실을 제대로 인식하지 못하고 있는 것 같았습니다.

정부는 바다를 포기했다

붕어빵 할머니는 1939년에 태어났습니다. 광복 후 남쪽으로 내려온 할머니는 25살 때부터 자갈치시장에서 장사를 했습니다. 성함을 물으니 잊어버렸다며 그저 웃습니다. 전에는 재봉틀 하나 갖다 놓고 남성복이나 작업복을 고쳐 주다가 IMF 이후부터 붕어빵을 팔기 시작했답니다. 할머니가 자랑스러워하는 게 있습니다. 자신이 직접 만든 붕어빵 반죽은 견과류 등 뭐라도 한두 가지 더 넣기에 아주 맛있다는 겁니다. 단골도 많은데, 며칠 전에도 한 재일 교포가 붕어빵이 먹고 싶어서 찾아왔다고 자랑합니다. 할머니는 시장에서

번 푼돈을 모아 딸 둘, 아들 하나를 키웠답니다. 많이는 못 벌어도 본인은 죽을 먹으면서 자식들을 키워냈다는 말에 할머니의 자부심이 느껴졌습니다. 자식들은 이제 그만 쉬라고 하지만 쉬면 뭐하냐며, 이렇게 시장에 나와야 마음도 몸도 편안하다면서 길거리에 나앉아 있어도 남한테 욕 안 먹고 손가락질 안 받으면 그만이랍니다.

'자갈치'하면 떠오르는 사진이 있습니다. 오래전 한 월간지에 실린 최민식 작가의 사진인데, 단속반에게 멱살이 잡혀 끌려가는 노점상의 처참한 모습이 제 머리와 가슴을 쳤습니다. 사진이란 집안의 대소사나 여행지의 풍경을 담는 것으로 생각했던 제게 최민식 작가의 사진은 참으로 충격이었고, 가슴속 깊이 잔상이 남았습니다. 지금도 최민식 작가를 기억하는 자갈치시장 노점상들이 여럿 있습니다. 붕어빵 할머니도 그중 한 분입니다. 제가 찍은 사진을 출력해 2012년 가을 붕어빵 할머니를 다시 찾아갔지만, 그 자리엔 붕어빵 틀만 덩그러니 남아 있었습니다. 왜 못 나오신 건지 이유도 알수 없어 많이 아쉬웠습니다. 부산에 갈 때마다 자갈치시장을 찾지만, 요즘은 노점상이 점차 줄어들고 있습니다.

자갈치시장 공판장 내 상인들은 사진 찍는 것에 관대하지 않습니다. 어설프게 카메라를 들이댔다가는 혼쭐이 나기 십상입니다. 자갈치시장에서 생선을 파는 연지 아줌마(76세)도 처음에는 "뭐에 쓰려고 사진을 찍어?"라며 크게 화를 냈습니다. 자갈치 아지매들

장사하는 모습이 얼마나 아름다운지 모르겠다며 사정했더니 "그럼 예쁘게 찍어"라며 웃습니다. 연지 아줌마에게 하루에 몇 마리나 생선 배를 가르느냐고 물었습니다. 그러자 시큰둥하게 생선을 사 가면 가르쳐 주겠답니다. 커다란 생선을 검정 비닐에 넣고 하루 종일 부산을 다닐 수 없어 곤란하다고 하자 "그럼 나 찍은 사진 다음에 꼭 돌려줘"라고 합니다. 이후 자갈치시장에 갈 때마다 사진을 드리며 연지 아줌마와 조금씩 인연을 맺어왔습니다. 연지 아줌마의 능숙한 칼질을 보면 하루 이틀 새 단련된 솜씨가 아닙니다. 한겨울 뼛속을 스미는 바람과 여름의 무더위를 싹둑싹둑 자르고 지금까지 피 튀기게 달려왔을 겁니다. 연지 아줌마의 깊게 팬 검은 얼굴이 모든 걸 말해줍니다. 하긴 가족의 운명이 저 칼끝에 달려 있다면 뭔들 못 베겠습니까?

부산은 대한민국 제2의 도시입니다. 하지만 전반적으로 과거의 활력을 잃었습니다. 특히 가난했던 시절 우리 산업의 밑거름이었던 수산업이 그렇습니다. 수산물 수출을 통해 마련된 자본이 여러 산업에 투자되어 발전과 번영의 토대가 됐었지만, 지금은 여러모로 침체된 상태입니다. '한일 및 한중 어업협정' 체결로 어장이 축소되고, 수산업 시설은 전반적으로 낙후됐습니다. 따라서 현대화 사업이 절대적으로 필요한 시점입니다. 그러나 자갈치시장의 현대화 사업은 신통치 않습니다. 대선을 앞둔 2012년 11월 29일, 자갈치시장 상인들은 "이명박 정부는 바다를 포기했다"면서 "이명박 정부는 어민과 서민 생존의 터전인 바다를 빼앗으면서 수산업과 자갈치시장을 위기로 내몰았다"며 관련 대책 마련을 요구했습니다. 부산이 고령화와 더불어 청년 실업률이 전국에서 가장 높은 변방의 도시가 돼 버렸다고 성토합니다.

한편 어시장 현대화 사업이 부진을 면치 못하거나 오히려 사업 이후 상권이 위축된 사례도 있습니다. 부산공동어시장과 부산시수협의 다대포공판장, 인천종합어시장, 속초 씨푸드랜드가 대표적입니다. 상권 분석에 따른 맞춤 시설 지원이나 시장 접근성을 높이기 위한 주변 환경 개선 등이 종합적으로 고려돼야 한다는 지적이 일고 있습니다. 상가의 영업을 통해 수익을 창출하기보다 임대료 수익을 챙기기 위해 점포를 분양하려는 태도가 오히려 시장 활성화를 저해한 겁니다. 결국 수산업의 전반적인 침체와 더불어 중장기적 계획과 대책 없이 전개된 현대화 사업은 모두가 상생하는 방안이 아닌 외형만 바꾼 사업이 되어 버렸습니다. 자갈치시장도 현대화 사업이 진행되면서 소비와 유통 구조가 빠르게 재편될 것입니다. 연지 아줌마나 붕어빵 할머니도 경쟁력을 잃고 자갈치시장의 오래된 삶에서 점차 밀려날지도 모릅니다.

영도다리와 굳세어라 금순아

자갈치시장을 끼고 영도다리 쪽으로 조금 걷다 보면 건어물을 파는 오래된 상점들이 즐비합니다. 상점이 뜸해지는 곳에 이르자 작은 사거리가 나오고, 우측 바다 방향으로 꺾이는 좁은 길 하나가 또 나타납니다. 2012년에는 바다 위 다리 공사가 한창이었습니다. 이곳이 바로 부산 중구와 영도구를 잇는 한국 최초의 연륙교 영도다리입니다. 영도다리는 1934년 11월 23일 개통됐습니다. 당시 부산 인구가 16만 명이었는데, 그날 이 다리를 건넌 사람은 무려 5만 명에 이르렀다고 합니다. 물론 일제강점기 일본인이 수탈을 목적으로 만든 다리지만, 한국전쟁 당시 피난으로 뿔뿔이 흩어진 가족들

의 만남의 다리였답니다. 수많은 피난민이 헤어진 가족을 만날 수 있을 거라는 막연한 바람으로 서성였던 곳입니다. 하지만 이제 영도다리는 화려한 명성을 뒤로하고 새롭게 건설됐습니다.

"눈보라가 휘날리는 바람찬 홍남부두에 / 목을 놓아 불러봤다 찾아를 봤다 / 금순아 어디로 가고 길을 잃고 헤매었던가 / 피눈물을 흘리면서 일사 이후 나 홀로 왔다 / 일가친척 없는 몸이 지금은 무엇을 하나 / 이내 몸은 국제시장 장사치기다 / 금순아 보고 싶구나 고향 꿈도 그리워진다 / 영도다리 난간 위에 초승달만 외로이 떴다"

가수 현인이 불렀던 '굳세어라 금순아'라는 노래입니다. 가사에 등장하는 영도다리 밑에는 한때 오래된 점집이 50여 개나 있었지만, 이제는 적산 가옥을 끼고 몇 개밖에 남아 있지 않습니다. 미닫이문이 반쯤 열린 점집에서 할머니 한 분이 뭔가를 드시고 계셨는데, 따뜻한 햇살이 방안으로 화사하게 비친 모습이 아름다워 보였습니다. 빨간 홍시를 맛나게 드시던 할머니가 인기척에 고개를 돌렸습니다. 할머니는 앞을 못 보는 시각장애인이었습니다. 점집의 작은 문 옆에는 고양이 일가족이 햇살을 받으며 놀고 있습니다. 할머니는 고양이의 울음소리에 음식을 주섬주섬 챙겨 나눠줍니다. 외로운 할머니와 고양이 가족의 모습을 보고 있노라니 비록 눈이

보이진 않지만 앞날을 점치는 능력으로 많은 이들의 상처를 다독였을 거라는 생각이 듭니다.

희망버스와 영도다리

자갈치시장과 영도다리는 일본이 자국의 어민을 보호하기 위해 지은 것입니다. 압축적으로 전개된 도시화는 이농과 인구 집중의 문제를 넘어 새로운 계급 관계와 근대사회 형성을 급격히 이끌었습니다. 도시화는 우리 사회를 절대적 빈곤 상태에서 벗어나게 했지만, 전통적인 인간관계를 단절시키며 이윤 확장을 위한 방편이 되어 왔습니다.

잘 알려졌듯이 영도다리 주변에 부산의 롯데타운이 들어섭니다. 이 개발로 기존의 노후되고 정체된 도심이 활성화된다는 긍정적인 측면이 있겠으나 땅값이 오르면서 기존에 거주하던 주민들이나 영세사업자들이 높은 임대료를 감당하지 못하고 밀려날 것이라는 우려도 있습니다. 이미 영도다리 밑 점집들의 운명도 바람 속의 촛불 같은 상태였습니다.

영도다리 밑 계단에 앉아 바다를 바라보다가 문득 '희망버스'가 떠올랐습니다. 2010년 10월로 거슬러 올라갑니다. 당시 부산의 한

진중공업 노동자들이 파업을 전개했습니다. 배를 만들 때 사용되는 거대한 영도조선소 85호 크레인에 김진숙 민주노총 부산본부 지도위원과 조합원들이 올라가 고공 시위를 벌였습니다. 고공시위가 장기화되자 2011년 6월 11일 노동자와 시민 약 750여 명이 희망버스를 타고 전국에서 부산으로 출발했습니다. 그리고 같은 해 7월 9일 2차 희망버스가 약 만여 명으로 늘어난 사람들을 싣고 부산 한진중공업 크레인 농성장을 찾았습니다.

2011년 3차 희망버스 때 일입니다. 이날도 많은 사람이 여름철 휴가도 반납하고 영도조선소 85호 크레인 위에 오른 김진숙 부산 민주노총 지도위원을 만나러 가는 길이었습니다. 버스는 부산대교

입구에서 경찰에 막혀 전혀 움직일 수 없었습니다. 일부가 항의 시위를 하며 경찰의 주의를 끄는 동안 시민과 노동자들은 삼삼오오 저지선을 뚫고 영도다리를 유유히 건널 수 있었습니다. 희망이란 저 멀리 떠 있는 무지개와 같은 것인지도 모르겠습니다. 하지만 무지개가 잡히지 않는다고 존재하지 않는 것은 아닙니다. 만약 우리가 영도다리 위에서 경찰의 저지선을 뚫지 못했다면, 우리가 중간에 주저앉았다면, 가 봐야 별것 없을지 모른다고 포기했다면 희망버스는 없었을 테지요. 저기 저렇게 보이는데, 다리만 건너면 만날 수 있는데 어떻게 주저앉을 수 있을까요? 희망버스는 2011년 10월 8일 5차 이후 중단됐다가 2013년 '현대자동차 비정규직 철폐'를 호소하며 지금까지도 새롭게 이어지고 있습니다. 이렇듯 영도다리에 얽힌 집단적 기억은 한국전쟁부터 희망버스까지 이어집니다.

2015년 영도다리를 다시 찾은 날, 새롭게 단장한 다리 위에서 노년의 신사 몇몇이 삼삼오오 사진 찍는 장면을 볼 수 있었습니다. 하지만 점집들은 접근할 수 없도록 가로막혀 있었습니다. 계약이 만료되어 건물주가 퇴거를 요청한 것입니다. 개발로 인한 주변 가치의 상승은 이처럼 원주민들을 내모는 상황으로 이어지고 있습니다. '소문난 대구 점집' 할머니와 '장미화 점집' 할머니가 얼마 전 이곳을 떠났다는 소식을 접했습니다. 부산 영도다리의 좋았던 과거만 기억하거나 이마저도 요즘 유행하는 '추억 팔이'로 끝내지 말고 현재의 모습을 확인해야 합니다. 고충을 기억해야 아픔을 치유하고 극복할 수 있기 때문입니다. 그 가치를 잃어버린 영도다리 위에서 쓸쓸한 감정을 가질 수밖에 없었습니다. 영도다리 밑 점쟁이들은 지금의 현실을 이미 알고 있었을까요?

전통 시장과 유통산업발전법

부산 기장시장은 자갈치시장과는 달리 아직 현대화 사업이 진행되지 않은 곳입니다. 이곳의 사례엔 몇 가지 시사점이 있습니다.

기장시장은 기장읍 대라리에 위치해 있으며, 1985년에 현대식 상설 시장으로 변모했습니다. 1995년 기장군이 부산광역시에 편입되면서 더욱 활성화됐지만, 이곳은 이미 삼한시대부터 마을이

형성된 유서 깊은 곳입니다. 기장 죽성리에 성이 있고, 선조 25년 임진왜란 때 기장읍성이 점령당한 사실로 미루어 이곳이 요충지였음을 짐작할 수 있습니다.

기장시장에 처음 가 본 건 2007년 봄이었습니다. 시장 근처에서 식사를 마치고 시장 입구로 접어드니 전혀 예상치 못한 광경이 펼쳐졌습니다. 알록달록한 파라솔 아래 노점상들이 장사를 하고 있었습니다. 시장 한가운데로 오징어, 조개, 생선 따위를 파는 노점이 펼쳐진 살가운 풍경이었습니다. 주변에 펼쳐진 온갖 해산물을 바라보며 새로운 사람을 만난다는 기쁨에 시장 안으로 천천히 발걸음을 옮겼습니다.

기장시장 노점상과 전통 시장 현대화 사업

기장시장의 특징은 계절마다 특색 있는 장이 형성된다는 것입니다. 봄에는 미역과 멸치, 가을에는 갈치장이 열리는데, 기장 갈치는 맛이 좋기로 소문이 나 있습니다. 해산물 값이 싸고, 특히 대게 맛이 뛰어나 인근 주민들은 물론 전국에서 몰려온 도매상들과 소비자들이 시장 골목을 가득 채웁니다. 몇 년 전부터 자갈치시장이 전통 시장의 모습을 잃어 가자 기장시장을 찾는 사람들이 늘기 시작했습

니다. 특히 전통적이고 새로운 맛을 찾는 외국인들의 방문이 잦아졌습니다.

하지만 기장시장의 현실은 녹록치 않았습니다. 시장 상인들은 상가 앞 노점상을 상대로 몇 년째 법적 다툼을 계속하고 있었습니다. 법원은 노점상뿐만 아니라 상가도 물건을 내놓고 장사할 수 없다고 했지만, 상가 주인이 가게 앞 공간에 대한 배타적 소유권을 주장하며 노점상에게 자리를 비우라고 맞서면서 오랫동안 갈등을 빚고 있었습니다. 노점상들은 상가 주인들보다 상대적으로 약자이기에 전전긍긍했습니다. 상가 주인들은 번듯하고 세련된 건물 앞에 노점이 펼쳐 있는 것을 용납하지 않았습니다. 노점상들의 요구는 악다구니로 들리고, 파는 물건도 불결하다는 것입니다. 시장상인연합은 노점상들을 내쫓기 위해 기장군청에 민원을 넣어 단속을 요청한 상태였습니다. 활력 넘치는 시장의 이면에는 언제 단속을 당할지 모르는 노점상들과 상인들의 갈등이 숨어 있었습니다.

또한 기장시장 현대화 사업으로 몇 십 년 동안 상권을 만들고 전통 시장 활성화에 기여했던 노점상이 모두 장사를 그만둬야 한다는 소문이 돌았습니다. 물론 기반 시설이 노후되어 개·보수가 필요하거나 유통 기능이 취약해 경영 개선을 실시한다는 점에서 현대화 사업은 중요한 과제입니다. 하지만 전국적으로 전통 시장 현대화 사업 실시 이후 임대료가 두 배 이상 올랐습니다. 전반적인 경기 침체로 매출이 반 토막 나는데도 임대료는 계속 오르는 실정입니다. 결국 현대화 사업으로 건물주들만 이득을 보고, 비허가 노점상들은 단속과 상인들과의 갈등으로 생계를 위협 받고 있습니다. 이러한 문제를 해결하기 위해 노점상들이 단체에 가입했고, 2010년 1월 5일 전국에서 모인 약 5백여 명의 노점상들이 기장시장에서 집회를 열었습니다. 그 후 상인들과 노점상 간에 대화가 이루어져 우여곡절 끝에 문제가 일단락되는 듯했습니다.

하지만 2012년 가을 기장시장 노점상들에게 또 다른 어려움이 닥쳤습니다. 이들이 장사하는 곳이 소방 도로라는 이유로 노점상에 대한 행정대집행이 예고되었습니다. 상가 상인들도 약 3미터 가

까이 물건 진열대와 수족관을 내놓고 장사하는 형편이었기에 이번에는 상인들이나 노점상 모두에게 닥친 문제였습니다.

기장시장에서 20년 넘게 장사를 해 온 심규리(57세) 씨는 중앙 통로가 소방 도로로 되어 있지만, 외곽의 도로가 충분히 뚫려 있고 시장에 소방 시설이 충분히 준비되어 있어 문제없다는 의견이었습니다. 그뿐만 아니라 오랫동안 자체적으로 소방 훈련을 실시하여 소방차가 출입할 수 있도록 했고, 사전에 적절한 교육이 뒤따르면 화재 예방이 가능하다고 주장합니다.

전통 시장의 특성상 혼잡하다는 이유로 단속의 위협에 놓여 있지만, 기장시장은 볼거리가 풍성합니다. 시장엔 사람들이 오가며 먹을 수 있는 먹거리가 있어야 하고, 상품도 많아야 하는 법입니다. 그래야 가격 흥정도 하고, 전통 시장 고유의 맛을 만끽할 수 있지요. 그런데 각 상가의 크기를 규격화해 물건 진열 수량이 한정되고 진열 방식이 동일해지면 전통 시장 고유의 멋도 사라지게 됩니다. 결국 사람들의 발길이 뜸해지고 시장 전체가 타격을 받게 될지도 모른다는 게 이들의 주장입니다. 심규리 씨는 "현대화 사업이 기장시장의 장점인 전통 시장의 모습을 잘 살려 조화롭게 진행되어야 한다"고 말합니다. 그리고 상가 상인과 노점상 등 이해 당사자 간에 충돌이 발생할 때 이를 잘 협의할 수 있는 틀이 필요하다는 말도 덧붙입니다.

현행법에는 시장 정비 사업과 시설 현대화 사업에 관련된 분쟁을 조정하기 위해 시·도에 시장분쟁조정위원회를 두게 되어 있습니다. 시장 상인들은 시장상인회를, 시장상인회나 시장상인을 회원으로 설립된 법인·조합·단체 등은 시장상인연합회를 자율적으로 설립할 수 있지만, 여타 비허가 상인이나 노점상들은 여기에 개입하거나 결합하는 데 한계가 있습니다. 노점상들은 기존 시장이나 지역의 특성과 여건을 고려하지 않은 채 무작정 시장을 철거하고 건물을 새로 짓거나 리모델링하는 방식의 획일화된 전통 시장 현대화 사업은 재고해야 한다고 주장합니다.

전통 시장 위협하는 대형 마트

시장을 살리겠다는 현대화 사업이 실시되면서 한쪽에서는 기업형 슈퍼마켓과 대형 마트가 들어서며 골목 상권을 위협해 왔습니다. 대형 마트 매출은 1993년 50억 원에서 2006년 23조6천억 원으로 껑충 뛰었고, 기업형 슈퍼마켓은 무려 866개로 늘었습니다. 반면 2008년 1600개이던 전통 시장은 매년 100개씩 사라지고 있습니다. 심규리 씨는 전통 시장의 상권이 활발해지기 위해서는 무엇보다도 주변의 대형 마트를 규제해야 한다고 말합니다. 최근 들어 상인들의 가장 큰 현안은 대형 마트와 기업형 슈퍼마켓의 규제를 둘러싼 논란이 아닌가 싶습니다. 유통산업발전법을 둘러싼 갈등은 꺼지지 않았고, 대형 유통업체들의 반격도 만만치 않았습니다. 그들은 헌법 소원과 행정소송, 효력 정지 가처분 신청 등으로 맞섰습니다.

그러자 2012년 11월 16일 국회 지식경제위원회는 현행법보다 규제 수준을 대폭 높인 유통산업발전법 개정안을 내놓았습니다. 우여곡절 끝에 대형 마트와 기업형 슈퍼마켓의 영업시간을 제한하고 의무 휴업일을 규제하는 유통산업발전법이 2012년 12월 31일 국회를 통과했습니다. 국회 지식경제위원회에서 처리된 원안은 의무 휴업일을 매월 2일 이내에서 3일 이내로 확대하고, 영업시간을 밤 10시부터 오전 10시로 규정한 것이었습니다. 그러나 결과는 자정부터 오전 10시까지는 대형 마트가 문을 열 수 없도록 하고, 한 달에 두 번 공휴일(일요일 포함)에 의무적으로 쉬도록 하며, 대형 마트 등을 출점할 때 상권 영향 평가서와 지역 협력 계획서를 자치단체장에게 제출하고, 자치단체장이 미진하다고 판단할 때는 보완을 요청할 수 있도록 했습니다. 이 밖에도 영업 시작 30일 전에 출점 지역과 시기 등을 알리도록 하는 사전 입점 예고제도 도입됐습니다. 이처럼 국회 지식경제위원회의 안보다 후퇴된 안으로 처리될 수밖에 없었던 것은 새누리당이 대기업 편을 들어 원안보다 한참 후퇴한 절충안을 제출했기 때문입니다. 그뿐만 아니라 당시 민주당도 원안보다 크게 훼손된 안에 합의해 비판을 받았습니다. 유통산업발전법안은 현재까지도 계속 위협받고 있습니다. 결국 2015년 11월 19일 대법원은 대형 마트 6개사가 "영업시간 제한 등 처분을 취소하라"며 서울 성동구와 동대문구를 상대로 낸 소송에서 원고 승소 판결 원심을 깨고 사건을 서울고등법원으로 돌려보냈습니다. 이로써 지자체와 유통업계의 법적 분쟁이 사실상 마무리될 전망입니다.

전통 시장에서는 시장 전체를 돌아보고 가장 싼 집을 골라 팽팽한 입씨름 끝에 물건을 구입하기 마련입니다. "팔아도 남는 게 없다"는 말로 흥정을 정리하곤 하지만, 이 말을 믿는 사람은 아무도 없습니다. 손해를 보더라도 물건을 싸게 판 상인과 소비자 간의 인간적인 관계와 정은 남는 법이니까요. 결국 전통 시장 안에서 모두가 상생하는 법을 배웁니다. 하지만 대형 마트에서는 이러한 법이 통하지 않습니다. 전통 시장에서는 물건의 가격이 판매자와 소비자 간의 일대일 관계 속에서 결정되지만, 대형 마트에서는 대기업이 결정한 상품 가격을 일방적으로 소비자가 수용합니다.

대형 마트가 싸고 저렴하다지만, 이미 지역 상권을 쓰나미처럼 장악한 대형 마트가 상품 가격을 일방적으로 결정하고, 불필요한 과잉 구매를 유도하거나 용량을 줄이는 방식으로 눈속임을 한다는 것은 이미 잘 알려진 사실입니다. 판매자와 소비자 간의 인간관계가 배제된 채 소비자가 소비의 대상으로만 전락하고 이윤을 창출하기 위한 목적으로만 남기 때문입니다.

추억이 깃든 전통 시장 풍경

'가는 날이 장날'이라는 말이 있습니다. 초등학교에 들어가기 전 어머니를 따라나선 시장엔 지루할 틈 없이 정말 볼거리가 많았습니다. 커다란 개천을 끼고 펼쳐진 장터에 들어서면 잔칫날 마당에 둘러쳐 있던 하얀 천막이 끝도 없이 줄지어 있었습니다. 어머니는 제

작은 발에 맞는 신발을 사기 위해 온 시장을 헤집고 다니며 가격 흥정에 나섰습니다. 희한한 물건들을 구경하는 재미도 있었지만, 어머니가 손에 쥐여 주던 달콤한 호떡 맛은 지금도 잊을 수 없습니다. 시장 한구석에 펼쳐졌던 약장수의 차력쇼나 원숭이의 재롱은 또 얼마나 신났는지 모릅니다.

2015년 겨울 부산 기장시장의 돼지국밥집을 다시 찾았습니다. 식당 주인의 넉넉한 인심 때문인지 이제는 단골 식당이 되었습니다. 주름살처럼 늘어선 기장시장의 활기찬 분위기를 느끼고, 그 안에서 역동적으로 살아온 노점상과 상인들의 웃는 얼굴을 보는 것도 신나는 일입니다.

하루의 장을 접는 상인들 머리 위에 켜진 붉은 색 알전구와 남은 꽁치 몇 마리를 팔아 치우기 위해 떨이를 외치는 늙은 노점상의 쉰 목소리는 인위적으로 만들어낼 수 없는 것입니다. 독일 학자 알라이다 아스만은 저서 《기억의 공간》에서 "우리가 기억을 소홀히 한다 해도 그 기억은 결코 우리를 놓아주지 않을 것이다"라고 말합니다. 다행인 것은 최근 들어 잊히는 것들에 대한 아쉬움을 주제로 옛 흔적을 찾는 작업들이 다방면으로 이어진다는 것입니다.

경제적인 현실은 앞으로도 나아질 기미가 보이지 않습니다. 실업률은 높아지고, 가난한 이들의 문제는 사회 곳곳에 다양한 형태로 나타나고 있습니다. 그 치열한 경쟁과 고독 속에서 마음의 위안은 익숙한 곳에서 찾기 마련입니다. 과거는 단순히 지나가거나 망각되는 것이 아니라 언제든 우리 곁으로 되돌아오는 것입니다. 삶의 활기가 가득 찬 전통 시장을 둘러보는 것만으로도 답답한 현실을 조금이나마 벗어날 수 있을지 모릅니다. 이제 인간적이고 정이 넘치는 시장, 상가 상인이든 노점상이든 마음 편하게 장사할 수 있는 시장을 만들기 위해 근본적인 변화가 필요합니다. 그러한 전통 시장의 가치와 유산을 후대에 물려줘야 할 것입니다.

부산, 골목길을 걷다

나에게 꽃 한 송이 있었지
작은 가슴 쓸고 지나가는 바람 쫓아
내려다본 발밑 사이로
노란 얼굴 내밀어 방긋 웃음 던져 주던
꽃 한 송이

나는 네게 줄 것 없어
뒤돌아 길을 헤매는 걸음이
숨차 오르는 저 긴 계단을 지나고
너를 잊으려 막다른 골목에 다다를 때
건물 사이로 얼어붙은 선잠 깨어
상처처럼 이글이글 동틀 무렵

문득 바라본 발밑   아스팔트 위 흔들리는 너의 곁을
키 작은 아주 작은 민들레   지나는 수많은 바람들
언제든 너 아직 그곳에   네 속으로 들어와 홀씨가 되어
그대로 물끄러미 지키고 있었구나   끊겼을지도 모를 마지막 길을 찾아
활짝 벌려 나를 맞는 가슴속으로   마침내 제 길로 홀홀 흩어져도
하얗게 흔들리는 그리움   바보 같은 너는 물끄러미 바라보는구나
아침 이슬처럼
발밑으로 서늘하다   남 위해 언제나 고개 숙인
                                    아 - 키 작은 민들레
                                    마음대로 피어나
                                    결코 네 멋대로가 아닌 꽃이여
                                    노란 얼굴 내밀어 미소 던져줄

                        - 다시 또 민들레

헌책방에서 발견한 즐거움

세상은 종이 책을 밀어내고 파일로 저장된 자료를 보는 시대로 빠르게 변하고 있습니다. 이미 사람들은 컴퓨터나 스마트 기기로 글을 읽고 공유하는 것에 익숙해졌습니다. 하지만 저는 이런 흐름이 왠지 낯설기만 합니다. 미래에는 손에서 책이 사라진다는 생각에 두렵기도 합니다. 기술 발달과 함께 자본주의적 소비에 빠르게 적응해야 하는 세상입니다.

여행도 마찬가지입니다. 먼 곳까지 시간을 들여 가지만, 몇 시간도 살펴보지 않고 기껏해야 밥을 먹거나 사진을 남기는 것이 다입니다. 그만큼 우리는 눈으로 확인하는 것 이상의 의미를 여행을 통해 얻지 못하는 것 같습니다.

부산 보수동의 매력은 비교적 오래된 것들이 세상 풍파를 견디며 잘 버티고 있다는 것입니다. 과거에는 사람 간에 살아가는 정도, 낭만도 있었습니다. 우리가 오래된 곳을 찾는 것은 그만큼 현실이 버겁고 힘들기 때문입니다. 불안과 두려움으로 가득한 현실을 잊

기 위해 사람들이 과거의 향수를 느낄 수 있는 곳을 찾는 게 아닐까요. 과거로의 여행을 떠나기엔 이곳만큼 좋은 곳도 없습니다. 특히 보수동 헌책방에선 오랫동안 찾고 있던 책을 보물처럼 발견할 수도 있습니다.

보수동과 새소년 클로버문고

부산 자갈치시장 지하철역을 빠져나와 번잡한 남포동 뒷골목을 걷다 보면 '도떼기시장'으로 불리는 국제시장이 나옵니다. 영화의 배경이 되기도 한 이곳은 해방 후부터 본격적으로 만들어지기 시작했습니다. 한국전쟁 후 피난민이 정착하면서 미군의 군용 물자와 함께 부산항으로 밀수입된 온갖 상품들이 국제시장을 통해 전국으로 공급됐습니다. 시장 길가에 진열된 물건들을 구경하며 천천히 큰길로 걸어 나와 횡단보도를 건너니 헌책방 골목이 시작됩니다. 이곳은 서울 촌놈도 쉽게 찾을 수 있습니다.

금강산도 식후경이라고 근처 포장마차에서 호떡 하나를 사둘고 골목 안으로 성큼 들어섰습니다. 골목길에 접어드니 층층이 쌓인 책들이 눈에 확 들어옵니다. 좁은 가게 안에는 이미 많은 사람이 뭔가를 열심히 읽고 있습니다. 세월의 두께만큼 켜켜이 쌓인 책장에 기대어 한 장 한 장 책을 넘기는 즐거움은 이루 말할 수 없이 큽니다. 이른 시간이지만 새 학기를 맞아 책을 구입하려는 학생들도 드문드문 보입니다.

서울에도 헌책방은 외대 앞, 청계천 주변, 종로 5가 대학천 그리고 신촌과 용산에 몇 군데 남아 있을 뿐입니다. 무엇보다도 헌책방의 매력은 절판된 책이나 전문 서적을 저렴한 가격으로 구입할 수 있다는 데 있습니다. 운이 좋으면 신간도 헌책방에서는 절반 가격에 살 수 있습니다.

제게는 헌책방을 찾는 몇 가지 이유가 있습니다. 하나는 1980년대 이후 쏟아져 나온 사회과학 책 중 보고 싶은 책을 구입하는 것입니다. 그리고 감옥 안에서 작성된 서간문과 옥중 수기, 시선집 등도

소장하고 싶은 책들입니다. 또 다른 이유는 1976년 새소년 클로버 문고에서 출간하고 아동문학가 조풍연 씨가 엮은 《영화이야기1》을 찾기 위해서입니다. 초등학교 시절 학교 앞 서점에서 400원에 구입한 이 책을 통해 처음으로 영화에 눈을 뜨게 됐고, 보조개가 쏙 들어간 금발의 아역배우 셜리 템플을 알게 됐으며, 무성영화 시대의 희극배우 찰리 채플린, 버스터 키튼, 해럴드 로이드를 글과 사진으로 알게 됐습니다. 《영화이야기1》은 토요일 밤마다 틀어 주는 〈주말의 명화〉나 〈명화극장〉의 사전 가이드가 되기도 했습니다.

하지만 이사를 다니다가 《영화이야기1》을 잃어버렸는지 통 보이지 않고 《영화이야기2》만 책장 한 구석에 꽂혀 있습니다. 남은 책의 겉표지엔 어린 시절 낙서와 밑줄이 그대로입니다. 세월은 어쩔 수 없는지 푸석푸석하고 검게 변한 모습이 얼마 살지 못할 환자처럼 보입니다. 이 책을 볼 때마다 영화 속 세계를 상상하던 오래전 그 시절로 되돌아갑니다.

그때는 보통 밤 9시만 넘으면 아이들은 잠자리에 들 시간이라며 텔레비전에서 캠페인을 벌였습니다. 토요일 밤마다 아버지의 팔을 벤 채 토끼 눈을 뜨고 봤던 외화들이 있습니다. 영화의 시작을 알리는 시그널뮤직이 흘러나오면 가슴이 콩닥콩닥 뛰었습니다. 특히 기억나는 영화는 르네 클레망 감독의 〈금지된 장난〉입니다. 농촌을 배경으로 네다섯 살의 아이들이 죽은 작은 동물들의 무덤을 만들기 위해 성당에서 십자가를 훔친다는 내용의 전쟁 고발 영화였습니다. 잊히지 않는 또 다른 영화는 앨런 래드 주연의 〈셰인〉입니다. 마지막 장면에서 악당을 물리친 주인공이 석양 속으로 길을 떠납니다. 주근깨 소년이 "셰인~"이라 불러도 메아리만 칠 뿐 서부의 사나이가 뒤돌아보지 않고 사라지는 순간 제 어린 마음은 정말 먹먹해졌습니다.

한 권의 책이 사라진 게 안타까워 클로버문고 《영화이야기1》을 절실하게 찾게 되었습니다. 길을 걷다가 헌책방이 보이면 무작정 들어가 제일 먼저 클로버문고가 있는지 묻습니다. 이날도 보수동 헌책방 골목 입구에 들어서면서 우선 눈에 띄는 '동화나라'라는 서점에 들어가 묻자 책방 주인이 웃으며 그 책은 찾기 어려울 거랍니다.

이 골목이 언제부터 생겼는지 궁금해져 보수동 헌책방의 유례를 물었습니다. 헌책방이 생기기 시작한 건 한국전쟁 시기로 거슬러 올라간다고 합니다. 당시 부산으로 피난 온 사람들이 영도구 국제시장 일원에 정착하면서부터입니다. 부산 지역 학교는 물론 피난 온 학교까지 구덕산 자락과 보수동 뒷산 등 노천에서 천막 교실을 지어 수업을 하면서 보수동 골목은 자연스레 학생들의 통학로가 되었습니다. 전쟁 중에 수많은 학생과 지식인은 공부하고 싶어도 책을 구하기가 어려웠을 겁니다. 그나마 헌책이라도 구할 수 있으면 감지덕지였겠죠. 이후 노점과 가건물이 하나둘 늘어 책방 골목이

형성됐습니다.

　이곳의 터줏대감 '고서점' 앞에 다다랐습니다. 2대에 걸쳐 고서를 수집하고 있는 책방입니다. '갤러리 春'이라는 고미술 업체와 긴밀한 관계를 맺고, 한국학 관련 자료뿐 아니라 민속자료 등을 모으고 전파하는 데 힘쓰고 있습니다. 이곳에선 숨겨진 보물처럼 구하기 어려운 책들도 만날 수 있습니다. 오래전에 읽었던《세계철학사》,《철학에세이》등이 눈에 띕니다. 시루떡처럼 차곡차곡 쌓인 오래된 책 향기를 맡으며 책방 골목을 걷습니다. 카메라를 꺼내 들고 사진을 찍어도 다들 자연스레 맞아줍니다. 야트막한 산 위로 길게 뻗은 멋진 골목길 계단을 발견하기도 했습니다.

　분주한 일상을 벗어나 낯선 곳에서 책 속에 푹 빠져 보는 즐거움을 만끽했습니다. 독일의 철학자이자 사상가인 발터 벤야민은 13년 동안 도시를 연구하다 미완의 원고를 조르주 바타유에게 넘깁니다. 이 책은 1982년에《아케이드 프로젝트》라는 이름으로 출간됐는데, 근대 도시 공간과 건축물에 숨겨진 과거와 거리의 삶, 도시민의 일상생활에 상징화된 환상에 대한 연구가 담겨 있습니다. 벤야민은 이 책에서 '플라너리'라는 말을 언급합니다. 이는 길을 서서히 걸으며 도시를 배회한다는 의미입니다. 거리가 주는 모든 풍경을 향유하면서 뜻하지 않은 발견의 기쁨을 느끼는 순간을 말하기도 합니다. 우리는 어떤 도시를 방문했을 때 낯섦 속에서 평소 경험하지 못한 아름다움을 발견합니다. 오래된 간판이나 페인트가 벗겨진 창문에서 그 공간의 과거를 엿보거나 떠올릴 수 있는 것입니다. 봄을 앞둔 어느 날 아스팔트 사이를 비집고 피어나는 들풀을 발견했을 때의 즐거움처럼 갖고 싶은 책을 헌책방에서 발견했을 때의 기쁨이 바로 '플라너리'가 아닐까 생각합니다.

잃어버린 책을 찾아 나서다

1990년대 중반까지만 해도 책방에는 사회과학 서적이 많았습니다. 하지만 소위 이념의 시대가 끝나고 책들이 절판되면서 구하기 어려워졌습니다. 그나마 표지와 출판사만 바뀌어 재판된 책들은 사 모았지만, 이조차도 이젠 하늘의 별 따기입니다. 이제 헌책방도 교재나 아동 문구, 인테리어 전문 서적 등을 갖춰 전문화되거나 인터넷에 공동의 장터를 개설해 운영하는 등 시대에 맞게 첨단화되고 있습니다. 레코드판이 사라진 자리를 CD가 대체하고, 이제 파일로 음악을 주고받는 시대가 되었습니다. 하지만 오래된 책에서는 독특한 냄새가 납니다. 퀴퀴한 그 냄새는 묘한 중독성이 있어서 헌책방은 자꾸만 발걸음을 붙듭니다. 다람쥐 쳇바퀴 돌 듯 바쁜 일상에 지쳐 책 한 권 볼 시간도 없을 때는 책 속에만 푹 박혀 살았으면 좋겠다고 생각하기도 합니다.

이날도 클로버문고 《영화이야기1》은 찾지 못했습니다. 대신 겹겹이 쌓인 책장에 위태롭게 걸려 있는 고정희 시인의 《모든 사라지는 것들은 뒤에 여백을 남긴다》라는 시집을 발견했습니다. 첫 장을 펼치자 곱게 말린 은행잎 아래 '199*년 우리 만난 지 100일째……. 영원히 변치 않길'이라는 깨알 같은 글씨가 적혀 있습니다. '이 책을 선물로 주고받던 이들은 아직도 사랑할까 아니면 팔아넘긴 책처럼 아무렇지도 않게 헤어졌을까, 그것도 아니면 아직 여물지 않은 청춘의 치기 어린 사랑 타령이었을까'라는 부질없는 생각을 하며 돌아섰습니다.

* 보수동 책방 골목 찾아가는 길
  부산역에서 59번, 60번, 81번 버스를 타고 부평동이나 보수동 정류소에서 하차하면 됩니다. 또는 부산 지하철 자갈치역 3번 출구로 나와 국제시장을 지난 뒤 대청로 사거리에서 보수동 방면으로 가면 됩니다.
  (보수동 책방 골목 홈페이지 http://www.bosubook.com)

해변가 언덕, 흰여울길을 걷다

골목길을 서성이다 보면 왔던 길을 되돌아가야 할 때도, 막다른 골목에 부딪힐 때도, 타인의 걸음을 한 치도 허락하지 않겠다는 듯 필사적인 경계심을 드러내며 철조망을 두른 담벼락과 대면할 때도 있습니다. 문을 열고 길을 나서는 아이의 호기심 어린 시선과 맞닥뜨리거나 덩달아 짖는 개를 만나 당혹감에 빠져들 때도 있습니다.

가난한 사람들이 사는 골목길을 아름답게만 묘사한 글은 많습니다. 그러나 대부분의 골목길은 사람들이 살아가는 현실적인 공간입니다. 한국의 산토리니로 불리는 영선동도 마찬가지입니다. 부산 영도구의 영선동은 용미산과 바다를 마주하는 곳으로 영선동 주변에는 신석기 전기부터 사람이 살았던 것으로 추측됩니다. 1885년 절영도 첨사 임익준이 마을 이름을 지을 때 삼신산의 하나인 동해의 전설상의 섬 이름 '영주'의 이름을 따 '영선'이라 지었다고 전해집니다. 그리고 1930년 한 일본인이 영선동 주변 패총을 조사했는데, 이곳에서 신석기시대의 토기와 석기, 뼈 연모, 조가비 팔찌 등이 나왔다고 합니다.

영선동을 처음 찾은 건 10년 전입니다. 디지털 카메라가 대중적으로 보급되고 마을을 담은 사진이 인터넷상에 소개되면서 이곳이 사람들의 입에 오르내리기 시작했습니다. 그 후로 수차례 이곳에 갈 때마다 마을 분위기가 사뭇 달라진 걸 느꼈습니다. 빈집이 하나둘 늘어나더니 어느새 새로운 빌라들이 늘었습니다. 원주민이 떠난 자리에 이윤을 쫓아 들어온 외지인들이 울타리를 치는 또 다른 빗장 동네를 형성하는 건 아닌지 우려됩니다.

5년 전 부산 일정을 마치고 이곳을 찾아 나선 적이 있습니다. 부산역에서 일행들과 헤어져 우선 숙소를 찾아다녔습니다. 낯선 곳에서 숙소를 잡기란 쉽지 않습니다. 부산역 건너편엔 외국인만 드나들 수 있는 바가 즐비합니다. 아마 항구도시이다 보니 이런 밤 문화가 오래전부터 자리 잡았나 봅니다. 호객 행위를 하는 사람을 뿌리치고 캔 맥주에 오징어 한 마리를 사서 적당한 숙소를 찾아 들어갔습니다. 거의 밤을 새다시피 뒤척이다 눈을 떠 보니 5시가 조금 넘어 있었습니다. 숙소를 나와 부산역 앞에서 택시를 잡아타고 영선동으로 향했습니다.

바다가 보이는 골목길

택시 기사가 이렇게 이른 시간에 영선동엔 왜 가냐며 수상한 눈초리로 쳐다봅니다. 그러고는 카메라를 보더니 뭘 취재하려는 거냐고 묻습니다. 이곳은 오래전엔 사람들이 찾지 않던 곳이랍니다. 2008년 부산 남항대교가 개통되자 눈에 띄게 타지 사람들의 방문이 늘더니 최근에는 심심치 않게 드라마나 영화 배경이 되기도 한답니다. 이렇게 기사와 몇 마디 나누다 보니 긴 다리를 건너고 또 한참을 달려 언덕길 어딘가에 다다랐습니다. 날선 바람이 옷깃을 파고드는 새벽이었습니다. 일찍 일하러 나가는 사람들을 위해 문을 연 식당이 보여 아침 식사를 하고 날이 밝아오길 기다렸습니다. 여전히 해가 뜰 기미가 보이지 않아 식당 문을 열고 길을 나섰습니다. 풀어진 신발 끈을 다시 묶고 걸으니 신선한 새벽 공기가 매우 좋습니다.

무작정 걷는 것만큼 대책 없는 일이 또 있을까요? 계획해서 어떤 목적에 따라 움직이는 일상을 거스른 채 걷다 보면 때론 막막함에 빠지기도 합니다. 하지만 골목길을 걷는다는 것은 이러한 낯섦을 즐기는 것입니다. '골목이 막혔으면 돌아가면 된다'는 말처럼 그저 좀 더 시간이 걸릴 뿐입니다. 우리 삶도 마찬가지일 테지요. 영선동 골목처럼 천천히 돌아가면 될 일인지도 모릅니다.

도로를 끼고 조금 걷다 보니 '백련사'라는 절이 나옵니다. 계단을 올라 적당한 곳에 자리를 잡고 멀리 바다 위에 뜬 배의 불빛과 남항대교를 잠시 바라봅니다. 해변 위에 정박한 배들이 희미하게 보입니다. 절에서 내려와 다시 조금 걷다 보니 해변과 맞닿은 골목길이 나옵니다. 집집마다 불은 꺼져 있고 어두컴컴한 길들만 이어져 있습니다. 그중 담 하나를 사이에 두고 불 켜진 방이 보입니다. 마치 풍랑을 만난 배처럼 담장 밑으로 다가가 다시 새벽 추위를 피합니다. 불 켜진 방안의 따스함이 전해옵니다. 전날의 피곤함을 훌훌 털고 일어나 아침 출근을 서두르거나 가족의 아침 식사를 준비하는 모습이 머릿속에 그려집니다.

영선동의 길은 '흰여울길'이라 합니다. 길고 긴 계단이 언덕 위에서 S자 형태로 리듬을 타고 휘어지더니 바닷가까지 이어집니다. 반

가운 마음에 계단 아래 바닷가로 향했습니다. 아직 해가 뜨려면 조금 더 있어야 하지만, 해변 도로에선 많은 사람이 새벽 공기를 가르며 열심히 걷거나 뛰거나 합니다. 이제 걷는 것은 일부러 시간을 쪼개지 않으면 쉽지 않은 일이 되었습니다. 레베카 솔닛의《걷기의 역사》에 따르면, 20세기가 시작될 무렵 걷기는 절정에 달했다고 합니다. 당시 북아메리카와 유럽 사람들은 술 약속이나 식사 약속을 잡듯 산책 약속을 잡았고, 걷는 것은 일종의 행사인 동시에 오락이었습니다. 그러나 문화적 행위로서의 걷기, 즐거움으로서의 걷기, 여행으로서의 걷기, 돌아다니는 방식으로서의 걷기가 사라지면서 이와 함께 몸, 세계, 상상력 사이의 유구하고 긴밀한 관계도 사라졌다고 합니다. 분주한 일상은 사람과 사람의 관계를 개별화하고 파편화시켰습니다. 나아가 사람들의 주거 환경도 개발과 변화에 의해 또 다른 곳으로 이전하게 되거나 정착하지 못한 채 교외화되었습니다. 이제 집은 하루의 노동을 풀고 다음날의 노동을 위해 그저 잠을 자는 장소에 지나지 않게 됐습니다. 많은 사람이 걸으며 생각에 잠기고, 주변 경치를 즐기며 대화를 나누던 공간들이 사라진 것입니다. 그동안 정신없이 살아온 우리 사회도 뒤늦게야 거친 호흡을 가다듬기 시작했습니다. 얼마 전 유행처럼 불었던 웰빙과 힐링 열풍에서 알 수 있듯이 비로소 걷기의 새로운 가치를 발견하나 봅니다.

도로와 맞닿은 높은 계단으로 올라가 다시 바다를 바라봤습니다. 어디선가 본 듯한 장면이 펼쳐집니다. 옥상 위엔 하얀 빨래가 널려 있고, 머리카락이 하얀 부부가 난간에 걸터앉아 붉은 노을을 바라보는 모습을 떠올려 봅니다. 주변이 뿌옇게 밝아옵니다. 해뜨기 직전의 바람이 정말 세차다는 걸 몸소 체험하며 카메라 셔터를 눌렀습니다. 그런데 갑자기 카메라가 켜지지 않습니다. 배터리가 다 됐나 봅니다. 서울에서 먼 이곳까지 왔는데 낭패입니다. 한 장을 겨우 찍고 배터리를 갈아 끼우기를 몇 차례 반복하다가 포기합니다. 흰여울길을 걸어 다시 해변과 맞닿은 곳에 다다랐습니다. 잠시 후면 기차 시간 때문에 이곳을 떠나야 합니다. 골목 안 집들의 창에 불이 켜지고 문이 열리더니 힘차게 하루를 시작하는 사람들의 모습이 보입니다. 바람을 피해 담벼락 물탱크 옆에 우두커니 서 있는데, 아주머니 한 분이 머리부터 발끝까지 살펴보며 지나갑니다.

한국의 산토리니

영선동은 한국의 산토리니라고 할 정도로 아름다운 곳입니다. 정박해 있던 배들도 기지개를 켜듯 멀리서 뱃고동 소리를 울립니다. 영선동은 부산역이나 자갈치시장 등에서 생계를 유지하던 사람들이 하나둘씩 모여 가꾼 터전입니다. 잘 알려졌듯이 부산은 일제강점기와 한국전쟁 이후 대도시로 성장했습니다. 지리적으로 해변을 끼고 산지로 둘러싸인 부산은 달동네들이 곳곳에 자리 잡고 있습니다.

흰여울길 주민들에게 주어진 바다 풍경은 가히 환상적입니다. 골목길 담장 너머 푸른 하늘과 탁 트인 바다가 펼쳐지고, 멀리 남항대교 사이로 드나드는 배들이 선명하게 눈에 들어옵니다. 정말 장관이 아닐 수 없습니다. 이 동네엔 어떤 사연이 숨어 있을까요? 낡은 창틀 사이로 흘러나오는 아이들의 조잘대는 소리와 담벼락의 낙서들, 그리고 크고 작은 이야기들이 모였다가 흩어지는 동네 어귀의 자그마한 구멍가게까지, 궁금하지 않은 것이 없습니다. 이처럼

오랫동안 만들어진 삶의 가치는 무엇보다도 소중히 간직되어야 합니다.

하지만 이곳은 너무 아름다워서 바다를 벗 삼아 절벽 위에 걸터앉은 집들이 언제까지 고단한 이들의 보금자리로 이어질 수 있을지는 의문입니다. 애초부터 저 멋진 풍경은 여기 살던 사람들의 것이 아니라는 듯 아쉽게도 개발이 얼마 남지 않았다는 소식이 들려옵니다. 겉으로 드러난 아름다운 해안가 집들의 속사연은 이렇게 사뭇 달랐습니다.

이 지역 주민들은 저 바다를 바라보며 하루를 마감하거나 시작할 것입니다. 해가 다 떠오르니 이제 정말 서울로 갈 기차 시간도 얼마 남지 않았습니다. 바닥난 배터리로 찍은 몇 장의 사진으로 아쉬움을 달래며 발걸음을 옮겼습니다.

2012년 10월 다시 흰여울길을 찾았습니다. 시월의 햇살이 걷기에 딱 좋았습니다. 촘촘히 들어선 해안가의 집들을 허물고 커다란 단독주택을 짓는 모습이 보입니다. 문이 굳게 닫혀 있거나 오래된 우편물이 꽂힌 빈집도 늘었습니다. 마을 곳곳엔 벽화 그리기가 한창이었습니다. '영도 문화'의 심종석(46세) 씨가 '영도 지역 문화 예술 교육 활성화 기획'이라는 이름으로 예술인들의 마을 만들기를 추진하고 있습니다. 심종석 씨는 "우선 주민이 마을의 주체가 되어야 한다"라고 말합니다. 또 "마을 만들기가 단지 자치단체 예산을 둘러싼 외부 단체의 프로젝트 사업이 되어선 안 된다"고 목소리를 높입니다. 주민이 사는 동네 골목과 집 벽에 그려진 그림이기에 이들의 삶과 무관해선 안 된다는 것입니다. 이 마을의 실제 현안은 외적인 아름다움이 아니라 벽화를 그릴 재정으로 위태로운 담장이나 비가 새는 지붕을 고치는 것이랍니다.

벽화가 그려지고 사람들이 찾기 시작해 카페나 술집이 생겨나면서 월세도 덩달아 올라 현지 사람들이 다른 곳으로 밀려나는 현실이 반복돼선 안 될 것입니다. 원래 살던 사람들이 편히 살 수 있게 해주는 것, 오래된 골목길의 벽화가 주는 교훈입니다.

지역공동체 물만골의 미래

물만골을 들어본 적 있나요? 부산의 지형 조건에 따라 형성된 오래된 마을 중 하나가 부산 시청 건너편 물만골이었습니다. 물이 마를 줄 몰라 '물만골'이라는 이름으로 불리는 곳. 이곳을 알게 된 건 2000년 초 광안리 해수욕장 근처의 노점상 문제로 부산을 방문했을 때부터입니다. 약 일주일간 부산에 머물면서 시간을 내 소문으로만 듣던 물만골을 둘러보기로 작정하고 나섰습니다. 시청 맞은편 정류장에서 마을버스를 기다리던 중 한 중년 남성분에게 물만골에 어떻게 가는지 물었습니다. 그는 자기가 마침 그곳에 산다며 누굴 찾아가느냐고 합니다.

생활 한복이 잘 어울리고, 초면인데도 상냥하고 부드러운 인상을 가진 분이었습니다. 물만골 공동체에 대해 알아보려는 것이라고 하니 매우 호감가는 표정으로 자기를 따라오라 합니다. 그가 이끄는 대로 마을버스에 올라 가파른 길을 10분 정도 달리니 시청 앞과는 완전히 다른 풍경이 펼쳐졌습니다. 작은 골짜기를 지나자 허

름한 집들이 빼곡히 들어서 있었는데, 참으로 푸근하고 소박한 정경이었습니다. 물만골의 공식 명칭은 부산 연제구 연산동 물만골 공동체라 합니다. 이후 마을 만들기와 도시 재생 사업으로 바뀌었지만, 이때만 해도 마을 공동체라는 말을 주로 사용했습니다. 마을 뒷산에 올라 바라보니 푸른 나무들 사이로 저마다의 집들이 듬성듬성 자리 잡고 있습니다. 멀리 부산 시청도 한눈에 들어옵니다. 하지만 다음 일정 때문에 오래 지체할 수 없어 아쉽게도 서둘러 발길을 돌려야만 했습니다. 다음에 꼭 다시 와야겠다고 다짐하면서요.

그 후 서울을 비롯해 전국이 개발 문제로 몸살을 앓자 마을 공동체와 마을 만들기가 화두가 되고, 다양한 사례들이 소개되기 시작했습니다. 물만골도 종종 언론을 통해 접할 수 있었습니다. 2005

년 12월 부산에서 APEC 정상회담이 열릴 때 다시 이곳을 찾았습니다. 국제적인 행사를 앞둔 부산은 노숙인과 철거민, 노점상을 심하게 단속하고 내몰았습니다. 세계 정상들이 모이는 국제적인 행사에 걸림돌이 된다는 이유였습니다. APEC을 반대하는 시민사회단체들이 광안리에 모여 대규모 집회를 열었습니다. 그리고 이 행사에 참석하기 위해 방한한 일본의 빈민 운동가, 국제 노점상 단체 코디네이터, 한국의 단체 활동가들이 마을 만들기 사례로 주목받는 물만골을 찾았습니다. 이날 우리를 맞이한 분은 물만골 공동체의 초대 운영위원장을 지낸 이희찬(당시 43세) 씨였습니다. 처음 물만골에 찾아갈 때 마을버스 정류장에서 살갑게 저를 이끌어 주던 바로 그 분이었습니다.

물이 마르지 않는 마을

마을 이곳저곳을 견학한 후 이희찬 씨 집에 들러 물만골의 사연과 변화에 대한 이야기를 자세히 들을 수 있었습니다. 부산의 오래된 마을이 모두 그렇듯이 물만골도 한국전쟁이 끝난 뒤 피난민이 정착하면서 만들어지기 시작했습니다. 1970년대 부산의 재개발 지역 주민들과 농촌에서 밀려난 사람들이 하나둘씩 들어와 430가구 1500여 명이 이곳에 정착했습니다. 조용하고 소박했던 마을은 1991년 부산 시청이 물만골에 대규모 공원 건설을 계획하면서 전환점을 맞이합니다. 다음 해 철거가 시작되자 마을 주민들은 부산 지역 학생들과 연대해 처절한 철거 반대 싸움 끝에 마을을 지켜냈습니다. 그러나 잠시나마 평화롭던 마을은 1998년 경 부산시가 마을을 관통하는 4차선 도로를 만들겠다는 계획을 발표하면서 다시 벼랑으로 내몰립니다. 주민들은 터전을 지키기 위해 자신들이 거주하는 땅을 사들이기로 결심하고, 적게는 33제곱미터부터 많게는 330제곱미터까지 한 푼 두 푼 돈을 모아 땅을 매입하기 시작합니다. 연대보증으로 신용 대출을 받거나 한 세대 당 월 10만 원의 적

립 배당액을 새마을금고에 저축해 모은 돈으로 토지 매입 잔금을 갚아가며 비용을 해결했습니다.

이러한 노력 끝에 물만골은 '부산 녹색 환경상'을 받고, 환경부로부터 '자연 생태 마을'로 지정받게 됩니다. 물만골은 마을 공동체라는 이름에 걸맞게 경제적 자립 기반을 만들고자 협동조합을 결성하는 등 마을 만들기 계획을 의욕적으로 추진했습니다. 아이들의 교육 문제는 방과후학교인 '무지개 놀이방'과 '물만골 공부방'에서 해결했습니다. 무엇보다 감동적인 건 물만골에서 자란 아이들이 대학생이 되어 후배들을 가르친다는 것입니다. 부산의료원 의사인 김이수(당시 41세) 씨는 마을에 들어와 살면서 '부산의료원 진료 봉사단'을 구성해 마을 의료를 담당하고, 물만골에서 자란 치과 의사 권윤수(당시 41세) 씨도 주민의 치아 건강을 돌보고 있습니다.

"이제는 물만골을 마음대로 사고팔 수 없습니다. 공동 지분으로 등기했기 때문이죠. 땅을 팔 때는 공동체에만 팔도록 마을 주민의 동의를 얻어 규약을 만들어 놓았습니다. 이렇게 사들인 땅은 개인의 지분만 인정하는 공동 소유로 등기돼 있습니다."

이희찬 씨의 이야기 속에서 마을에 대한 애정과 자부심을 느낄 수 있었습니다. 하지만 그 후 물만골의 운명은 녹록치 않았습니다. 부산에 갈 때마다 기회가 되면 물만골을 찾았습니다. 때론 그냥 마을을 둘러보기도 하고, 때론 마을버스 정류장에 앉아 할머니, 할아버지들과 담소를 나누다 기차 시간에 맞춰 서울로 향했습니다. 그런데 마을 분위기가 좋지 않다는 소식을 드문드문 듣던 차에 이희찬 씨가 2008년에 유명을 달리했다는 안타까운 소식을 접했습니다.

수소문 끝에 당시 실무를 총괄하던 권병안 씨(51세, 한쿠바교류협회 사무국 직원)를 통해 자세한 소식을 들을 수 있었습니다. 물만골 공동체는 '생태 자립 마을 만들기 프로젝트'를 기획해 국토해양부로부터 사업비를 지원받아 이에 필요한 계획을 수립했습니다. 마을 주민 일자리 만들기, 골목길 정비, 황령산 생태 산책로 정비, 하천 정비, 마을 내 꽃길 조성 사업 등을 시행했고, 약 10여 톤의 생활 쓰레기를 수거하기도 했습니다. 또, 생태 마을 만들기의 롤모델을 찾기 위해 전문가를 초빙해 주민 강좌를 열었습니다. 이때 물만골 주민이 매입한 땅은 2009년도 11월 제4차 공동 부지 매입 사업을 끝으로 10만여 제곱미터로 늘어났습니다.

하지만 일부에서 반대하는 주민이 생겨나기 시작했습니다. 같은 해 마을 공동 시설 및 생태 체험 자연 학습장 만들기에 필요한 공공 부지 확보의 일환으로 약 6만 제곱미터의 부지 매입 사업을 실시했으나 개발을 원하는 주민들에 의해 기존 계획이 철회되고, 부지 전부를 구입 원가 그대로 물만골 주민에게 양도했습니다. 공동체를 반대하는 일부 주민과의 끊임없는 마찰과 소용돌이 속에서 2011년 12월 위원장 임기가 만료됐고, 이후 공동체 위원장 후보가

나서지 않은 상태가 됐습니다. 개발로 인해 일부 주민들의 동요가 있었고, 마을을 책임지고 이끌어 갈 주민 운동의 지도력에 공백이 생긴 것입니다.

2012년 물만골을 다시 방문했습니다. 10년 전 처음 이곳을 찾았을 때와 마찬가지로 여전히 마을은 아름다웠습니다. 하지만 평상에 앉아 대화를 나누던 주민들은 예전과는 다르게 서먹서먹한 분위기였습니다. 물만골은 도시계획상 공원 지구로 묶여 있습니다. 집을 보강할 순 있어도 완전히 헐고 새로 증축하는 건 불가능합니다. 몇 년 전 전국적으로 집값이 뛰자 손해를 본다고 생각하는 사람들이 늘었나 봅니다. 권병안 씨의 말에 따르면, 일부 주민이 공동체의 합의 없이 물만골 인근 산 176의 12 일대 10만여 제곱미터를 매입했다는 소문이 돌면서 민심이 흉흉해지기 시작했습니다. 부산시와 연제구청은 황령산 순환도로 개설에 관한 도시계획 시행이 종료되는 2010년, 기존 계획 연장을 선언하며 주민 설명회를 강행했습니다. 마을 내 일부 주민은 개발이라는 장밋빛 꿈에 빠져 마을을 관통하는 도로 개설에 찬성했습니다. 하지만 예산 부족과 부동산 침체로 시행이 미뤄졌고, 현재 철거 예정 가옥들은 불안한 상황에 놓여 있습니다. 물만골은 계곡과 계단식 구릉지로 형성되어 건축물 신축을 위한 지반 조성비가 다른 지역에 비해 많이 듭니다. 지난 2010년 2월 자연녹지지구에서 자연취락지구로 변경되어 특별한 경우가 아니면 4층 이하의 건물만 지을 수 있었지만, 여전히 고도 제한으로 재개발을 통한 개발 이익은 예측할 수 없습니다. 또한, 주민 스스로 정비할 재정 여력이 없는 상태이다 보니 정부나 지자체에 의존해 문제를 해결하려는 상황에선 그 어떤 전망도 찾을 수 없게 되었습니다.

미래지향적 공동체의 복원

이른 봄 골목 사이로 피어오르는 아지랑이를 따라가다 보면 작은 넝쿨들이 새록새록 피어나 발걸음을 가볍게 해줬던 곳, 한여름 아무도 없는 골목길을 혼자 서성이다 열린 대문 사이로 시원한 물 한 잔 청해도 아무렇지 않던 곳이 바로 물만골이었습니다. 가을이면 발갛게 얼굴을 내미는 감들은 또 얼마나 풍성했는지 모릅니다. 또, 이 마을은 산속에 포근히 안겨 있어 겨울에도 아늑한 골짜기 사이로 물이 흘러내립니다. 물만골은 주민 스스로 어떻게 자신의 터전을 지키고 가꿔 나갈 수 있는지를 잘 보여주던 곳입니다. 2015년 권병안 씨를 통해 이들이 그렸던 물만골의 미래에 대해 좀 더 알아보았습니다. 농촌 중심의 생태 마을 만들기나 생태 공동체 운동을 보면서 도시 한가운데에 생태 마을을 만들면 어떨까하는 문제의식에서 출발했다고 합니다. 도시 재개발과 재건축의 콘크리트 문화로 대변되는 아파트가 아닌 생태 마을을 만들어 보면 어떨까? 이러한 물음에 물만골 공동체가 사회적 실험 과제로 주목받기 시작했습니다.

"오늘날 지역 운동 혹은 주민 운동이라 표현되는 공동체 운동은 자본주의의 예정된 문제점과 심각한 개인주의 개발 주도형 관치 구조에서 나타나는 문제를 극복하고자 합니다. 이는 가족과 이웃의 해체, 환경 파괴에 노출된 도시인의 삶을 다시 복원하는 생명의 운동이기도 합니다."

이러한 노력은 1980년 이후 침체기를 거듭한 주민 운동 진영이

제시한 새로운 대안이며, 기존의 쟁점 중심 혹은 철거 반대 운동의 한계를 넘어 지속성과 연속성을 담으려는 노력이었습니다.

"물만골은 도시에서의 생태 마을 만들기의 새로운 도전 모델이었고, 도시 빈민과 제대로 접목하지 못했던 환경 및 생태 운동이 주민들의 의지와 손으로 진행됐다는 점에서 의미가 있습니다. 이는 지방 분권 시대에 중요한 주민자치와 복지의 틀을 갖추기 위한 노력이었으며, 공동체가 유지되기 위한 필수 요건이기도 합니다. 생태 공동체 운동의 원칙은 인간을 중심으로 세워 가는 것입니다."

권병안 씨는 마을을 중심으로 펼쳐지는 공동체 운동은 미래지향적인 것이라며, 짧은 시간에 성과를 얻기보다는 미래에 투자하는 것이라 말합니다. 자라나는 아이들에게서 그 결과를 기대하는 것이라는 말도 덧붙입니다. 현대 물질문명의 자본 의존성과 종속성을 탈피하고, 단순한 삶, 인간다운 삶, 자연과의 조화로운 삶을 위해 이웃과 함께 나눠야 한답니다.

하지만 이들의 꿈을 실은 배는 풍랑과 암초에 부딪혀 좌초될 위기입니다. 어느 곳이나 마찬가지겠지만, 결국 물만골의 개발은 공동의 이익보다는 개인의 욕심에 불을 당겨 주민들의 삶에 분열과 상처를 남겼습니다. 이제 물만골은 오랫동안 지탱해 온 공동체의 간판을 내릴 위험에 처했습니다. 철거에 대응하던 주민이 안정적인 주거를 확보하기 위해 스스로 땅을 사서 문제 해결을 시도한 사례는 한국에서는 매우 드문 사례이기에 그동안 물만골은 빈곤층 주거 문제 해결에 있어 시사하는 바가 컸습니다. 마을 공동체를 통해 능동적이고 의욕적으로 마을 현안을 해결하려는 의지가 강해 다른 지역에도 귀감을 주던 물만골입니다. 물만골이 새롭게 도약하기를 다시 한번 기약해 봅니다.

＊　2014년 물만골 420가구에 수돗물을 공급하는 통수식이 열렸습니다. 마을이 공동체로 묶여 있어 주민 전체의 동의를 받아야 하기에 재개발보다는 생활 불편 해소에 더 무게를 두고 사업을 전개하고 있습니다. 물만골 공동체 위원장으로 활동했던 이희찬 씨는 2008년 6월 10일 간경화로 세상을 떠났습니다. 그 후 2008년 12월 8일 김이수 씨가 제4대 물만골 공동체 위원장으로 선출되어 2011년 12월 8일까지 역임했습니다. 이희찬 씨와 1980년대 노동 현장에서 활동했던 권병윤 씨는 2009년 2월 1일부터 물만골 공동체의 실무 간사로 일하다 현재는 김이수 씨와 2011년 10월 (사)한쿠바교류협회를 구성해 한국과 쿠바 간 민간 교류 활동을 전개하고 있습니다.

사하구 감천동

파란색 그림이 펼쳐지는 감천 2동

자, 이제 부산의 마지막 기행입니다. 바로 부산 사하구 감천 2동입니다. 도시 재생의 또 다른 사례를 살펴보도록 하겠습니다. 파란색 레고 블록을 짜 맞춘 듯한 집들이 옹기종기 모여 있는 이국적인 정취와 독특한 풍경 때문에 과거엔 낙후됐던 이 동네가 매년 10만 명 이상 방문하는 부산의 명소로 바뀌었습니다. 이곳처럼 민관 합작으로 마을을 보존하고 발전시킨 사례는 전국적으로 드뭅니다. 여러 차례 이곳에 갔지만, 2012년 가을이 가장 기억에 남습니다. 마을버스에서 내리자마자 보이는 정류장 근처 돼지 국밥집에서 늦은 점심 식사를 했습니다.

부산에 가면 가장 많이 먹는 음식이 돼지 국밥입니다. 순댓국과 비슷한 맛이지만, 돼지고기를 넣어 얼큰하고 담백하게 끓인 후 부추를 듬뿍 넣어 먹는 부산의 대표적인 음식이지요. 영화 〈변호인〉 탓인지 서울에서도 많은 사람이 즐기는 음식이 되었습니다. 돼지 국밥 집에서 조금 걸어 내려오면 마을 전경을 한눈에 볼 수 있습니

다. 감천동은 마을을 관통하는 도로와 골목길이 가로 세로로 촘촘히 이어져 있고, 마을을 한 바퀴 돌아 감는 산비탈 도로로 구성되어 있습니다. 비탈에 자리 잡은 탓에 앞집의 옥상 위에 뒷집이 계단처럼 이어져 오래된 마을의 정취를 아직도 잘 간직하고 있습니다.

이날은 솔밭3길의 '할배 산소'라고 부르는 태극도 교주의 무덤에서 계단으로 진입해 걷기 시작했습니다. 빨랫줄에 걸린 옷들과 지붕에 널린 운동화가 따뜻한 가을 햇살을 받고 있었습니다. 문밖으로 나와 배추를 다듬는 주민들의 모습을 보며 천천히 골목 안으로 걸었습니다. 작은 쌈지공원이 보이면 계단을 따라 돌아 걷다가 솔밭3길에서 좌회전하면 폭 1미터가 채 되지 않는 지붕과 처마가 위태롭게 맞닿아 있고, 마치 아케이드와 같은 길이 이어집니다. 어떤 몰지각한 사람은 함께 온 자녀에게 사람이 이런 곳에서도 사는데 넌 행복한 줄 알라며 타박하기도 합니다. 올레길을 걷는 재미가 자연에 좀 더 가까워지려는 노력이라면, 골목길을 걷는 이유는 잊혀가는 과거를 떠올리거나 사람 사는 모습을 직접 체험하기 위해서입니다.

이곳은 부산의 많은 학생이 공부방을 열거나 의료 지원 활동을 하는 등 빈민 운동이 활발히 전개되던 곳이기도 합니다. 감천동의 변화는 한마디로 눈부셨습니다. 모든 걸 허물고 건물을 지은 게 아니라 거친 계단과 위태롭게 서 있던 녹슨 철 난간을 없애고 새로 단

장하거나 골목의 담벼락을 화사하게 칠하고 낡은 지붕들을 더욱 새
파란 색으로 꾸몄습니다. 그 사이사이엔 벽화를 그려 마을 전체를
하나의 박물관처럼 다듬었습니다. 원래 있던 구멍가게도, 식당들
도 모두 새 단장을 마치고 손님들을 맞이하고 있습니다.

감천동 태극마을의 유례

나이 지긋하신 어르신이 어디론가 마실가는 모습이 아름다운 마을
정경과 퍽이나 잘 어울립니다. 얼마나 자주 이 길을 다니셨을까요?
바닷바람에 맞서 버티고 서 있는 나무처럼 뒷모습이 성성하십니
다. 푸른 파를 심어 놓은 화분과 그 옆 골목엔 누군가 의자를 내놓
았고, 바로 밑 양지바른 곳에서 해바라기 중인 길고양이 한 마리가
늘어지게 하품을 합니다. 사람이 지나가든 말든, 사진을 찍든 말든
상관없다는 능청스러운 표정이 귀엽습니다.

　정자 밑에 모여 담소를 나누던 어르신들 사이에 슬쩍 끼어들어
말을 건넸습니다. 스물네 살 때 이곳에 정착했다는 정재암(82세) 씨
를 통해 마을의 내력을 알아봤습니다.

　"원래 여기는 왜놈 땅이었어. 이후 땅을 불하받으면서 사람들이
살기 시작했지. 1956년에 부산 보수동이 철거되면서 거기 살던 태

극도 사람들이 이리로 들어왔어. 그 당시엔 초가집 서너 채가 산에 모여 있었는데, 물이 없어서 저 밑까지 내려가 길어 먹었어. 그 후 부로끄(벽돌) 집들이 점점 늘어나고, 전국에 태극도 사람들이 모여 정착했지. 처음엔 저 밑의 집값이 이곳보다 못했어. 여기서 고개 넘어 20분이면 부산 중심지로 갈 수 있으니 비교적 교통이 좋은 편이지. 아랫집 두 채 팔아서 여기에 한 채 샀는데, 나중엔 저 아래에 발전소가 생겨서 사정이 바뀌었어."

이곳이 태극마을로 불리게 된 건 한국전쟁 당시로, 태극도를 믿는 사람들이 집단 피난을 와 모여 살면서부터라고 합니다. 태극도는 강증산에 의해 전라도 김제에서 시작된 한국의 민족 종교입니다. 한국전쟁 당시엔 약 4천여 세대의 태극도 사람들이 감천동에 살다가 일부는 서울 중곡동으로 이전했습니다. 감천동에 사람이 가장 많이 살았을 때는 1980년대로, 2만 명에 이를 정도로 큰 마을 이었습니다. 지금은 1만3천여 명 남짓 살고 있답니다.

오래 전 감천동에 갔을 때만 해도 '건강탕'이라 불리는 동네 목욕탕이 손님을 맞았지만, 몇 년 전 '감내 어울터'라는 4층짜리 마을 회관으로 산뜻하게 바뀌었습니다. 새로 만들어진 마을 회관 옥상에 게스트 하우스를 운영하며 마을을 찾는 사람들에게 숙박을 제공하고 있었습니다. 옥상 전망대에서 멀리 희미하게 보이는 감천 앞바다를 바라보며 차를 한 잔 마셨습니다.

감천동 마을을 보듬는 변화의 바람이 불기 시작한 건 오래되지 않았습니다. 공공 미술 프로젝트를 하는 사람들이 마을 곳곳에 다양한 벽화와 미술품들을 전시하기 시작하고, 문화체육관광부의 '2009 마을 미술 프로젝트 공모'에 '아트팩토리 인 다대포'라는 단체가 '꿈을 꾸는 부산의 마추픽추'라는 주제로 당선되면서 마을은 큰 전환점을 맞이합니다. 2010년 '미로미로 골목길 프로젝트'와 2011년 '산복도로 르네상스 프로젝트' 사업으로 '감내 카페', 마을 홍보소 '하늘마루', 기념품 판매소 '아트샵', 작은 박물관, 미술관 등의 다양한 공간이 생겨나고 여러 사업들이 추진되면서 현재에 이르고 있습니다. '2012년 지역 전통 문화 브랜드' 우수상에 선정되면서 주민

들이 주도하고 문화 예술인, 학계, 주민, 행정기관이 참여하는 협의
회를 구성해 문화 마을 조성 사업과 다양한 문화 행사를 기획하고
있습니다. 그리고 같은 해에 UN-해비타트 일본 후쿠오카 본부가
진행한 아시아 도시경관상 시상식에서 아름다운 마을로 선정되기
도 했습니다.

주민들의 반응

마을에 새로운 바람이 분다는 건 반가운 일일 텐데요. 이러한 변화
에 주민들의 반응은 어떨까요? 감천동에서 약 30년을 산 제갈영자

(57세) 씨는 기초 생활 보호 대상자에겐 집수리 등을 지원해 주지만, 그렇지 못한 사람들은 없이 살아도 직접적으로 돌아오는 혜택이 없어 불만이라고 합니다. 그리고 보니 아직도 낡은 지붕과 담장들이 곳곳에 방치되어 있습니다. 제갈영자 씨는 10년 전 화재로 두 채의 집이 불에 탔다며 대형 화재 방지 대책이 있었으면 좋겠다는 말도 덧붙입니다. 무엇보다 도시가스 보급이 시급하답니다. 골목길을 서성이는 외부인의 시선도 여전히 부담스러운 듯했습니다. 어떤 주민은 마구잡이로 찍어 대는 카메라 공해를 지적했습니다. 바깥에 널어놓은 모자를 잃어버린 적도 있다고 합니다. 주민들의 말이 짧은 기간 마을의 변화를 실감케 했습니다.

골목길에서 한 무리의 아이들을 만났습니다. 한 아이는 자기가 이 마을 모델이라며 스스럼없이 포즈를 취해 줬습니다. 붙임성 좋은 아이들의 눈망울에 순진함이 잔뜩 고여 있어 각박하게 찌든 가슴에 촉촉한 단비가 되어 주었습니다. 멀리서 보면 작고 예쁜 파란색 지붕들이 경사진 산비탈에 촘촘히 박혀 있지만, 막상 들어가 보면 끊긴 듯한 길이 골목골목 이어집니다. 어쩌면 감천동 골목길은 이곳 주민들의 굴곡진 삶을 꼭 닮았습니다. 우리가 골목길을 걷는 건 타인의 삶에서 자신을 돌아보고 새로운 용기를 얻으려는 게 아닐까요? 사람 사는 것보다 아름다운 게 또 있을까 싶습니다. 서서히 저물어가는 저녁 해를 바라봅니다. 하늘이 아주 짧은 시간 만에

푸르른 빛으로 바뀌자 가로등이 하나둘씩 켜지기 시작합니다. 창가에 비친 주황색 불빛은 저마다의 사연을 간직한 듯 고즈넉해 보입니다. 부산은 급히 왔다가 서둘러 떠나야 해서 언제나 아쉽고 그리운 곳입니다. 오랫동안 머물고 싶고, 돌아보고 싶은 부산의 감천동이었습니다.

감천동은 마을 만들기의 대표적인 성공 사례로 손꼽힙니다. 골목이라는 향수에 마을 만들기의 공동체적 감성이 더해진 이곳은 영화나 방송 촬영지가 되면서 짧은 시간 안에 부산의 대표 명소가 되었습니다. 외부로부터의 변화가 지역 환경과 주민들의 생활 조건까지 변화시켰습니다.

이제 감천동은 한걸음 더 나아가 체계적인 마을 만들기 사업을 추진 중입니다. 천마산과 옥녀봉 사이에 위치한 마을 특유의 아름다운 정경과 문화 예술인 등 외부의 관심 때문에 본격적으로 시작되긴 했지만, 주민들의 마을 만들기 참여도가 매우 높다는 것을 피부로 느낄 수 있었습니다. 반면 이러한 시각이 전체를 대변하는 건 아니므로 경계할 부분도 있습니다. 외부자의 시선을 일반화할 경우 지나치게 전시 행정에 경도되거나 미화될 가능성이 높습니다. 애초 가난한 사람들의 삶의 공간이었기에 이들의 경제적 문제에 혜택을 줄 수 있는 방안이 많이 기획될 필요가 있다는 생각이 먼저 듭니다.

제가 만난 주민들은 마을의 변화를 반기는 분위기입니다. 특히 마을에 활력이 넘쳐 즐겁답니다. 식당이나 집을 수리해 주는 가게나 철물점은 덩달아 활황을 맞아 보였습니다. 마을의 북 카페와 다양한 문화시설도 마을 주민들이 일할 수 있도록 배려해 주고 있었습니다. 그뿐만 아니라 이곳을 찾는 사람에 대한 주민들의 반응도 많이 달라졌습니다. 나무와 나무가 모여 푸른 숲을 이루듯 호기심 어린 눈으로 마을 곳곳을 두리번거리는 사람들을 그들은 따뜻한 마음으로 받아 주고 있었습니다.

---

* 감천동에 가려면 부산 지하철 토성동역 6번 출구에서 마을버스 사하1-1, 서구2, 서구2-2번을 타면 됩니다. 또는 괴정역 6번 출구에서 마을버스 사하1, 사하1-1번을 타는 방법도 있습니다. 두 전철역에서 택시를 타고 감천초등학교에서 하차하면 기본요금 정도 나옵니다. 감천동 문화마을은 사람이 사는 곳입니다. 주민에게 예의를 갖춰야 한다는 점 꼭 명심해 주셨으면 합니다.
(http://www.gamcheon.or.kr)

하늘 끝 달동네에 서다

내내 이곳에서 살붙이고 머물 때
우리에게도 어두운 밤하늘에 달 하나 있다
뺏지 마라 걷어가지 마라
어묵 국물 뒤집고 견인차에 끌려가도
무지랭이 가슴속에 달 하나 있다

입이 있어도 할 말을 잃은 사람들 머리 위로
슬그머니 환한 얼굴 내밀며
머리 곱게 단장하고 미소 던져 주는
어쩌다 빌딩 끝에 걸려 있어
발 동동 구르며 바라보는
눈물겹도록
서럽디 서러운 달이지만

무너뜨리지 마라 치지 마라
구름 걷어 내고
기어코 활짝 웃는
가슴마다 두둥실 달 하나씩
가슴속 깊이 품고 있다

- 달동네 이야기

종로구 성곽마을

벽화가 있는 풍경, 이화동과 창신동

나만의 소중한 공간을 꼽으라면 이화동을 으뜸으로 칠 것입니다. 이화동에 가려면 지하철 1호선 동대문역에 내려 지금은 사라진 이화여자대학교병원 옆길로 오르면 됩니다. 대학로 옆 방송통신대학교를 거쳐 가는 방법도 있지만, 이제 성곽 복원으로 예전보다 더욱 쉽게 갈 수 있습니다. 사람들은 편하고 잘 정리된 길에 익숙합니다. 그래서 골목길은 처음 걷는 이들에게 더러 당혹함을 안겨줄지도 모릅니다. 뚫린 듯하다가도 막혀 있어 길을 잃을지도 모르니까요. 그러나 이화동 길에서는 염려하지 않으셔도 됩니다. 처음에는 미로 같아도 오래전부터 활발히 진행된 공공미술 덕에 조금 걷다 보면 곧 익숙해질 겁니다. 벽화를 바라보며 지친 발을 쉬게 할 수도 있고, 골목길 화분의 계절에 따라 달라지는 모습도 볼 수 있고, 마을 주민들이 친절하게 길을 인도해 주니까요.

일찍이 이화동 벽화 마을은 다양한 예능 프로그램과 드라마, 영화의 배경이 되면서 유명세를 탔고, 지금은 외국 관광객들도 벽화

를 보러 이곳을 찾습니다. 이화동 골목길 한편엔 하얀 물감으로 그려진 '천사의 날개'라는 작품이 있었습니다. 연예인 이승기 씨가 이 작품 앞에서 촬영한 방송이 나가자 조용했던 마을이 시끄러워지기 시작했습니다. 갑자기 커다란 카메라를 든 사람들이 모여들어 시도 때도 없이 마구 사진을 찍어 대는 바람에 동네가 온통 시끌벅적해진 것입니다.

한번은 몇몇 분들과 창신동을 거쳐 이화동으로 마을 답사를 한 적이 있습니다. 이날도 지방에서 올라온 사람들이 호기심 어린 눈으로 '천사의 날개'를 찾는 모습이 보였습니다. 입소문이란 게 정말 무섭습니다. 벽화 그리기 운동이 시작된 곳도 이화동이지만, 벽화 지우기 운동을 해야 한다는 목소리도 이곳에서 들리기 시작했습니

다. 마을 주민들의 여론에 따라 '천사의 날개'는 지워졌고, 새로운 곳에 새로 그려지기를 반복하고 있습니다. 그전에도 종종 골목길에 벽화가 등장했지만, 이화동 벽화가 유명해진 것은 SNS와 디지털 카메라의 보급 때문이라 짐작됩니다. 연예인의 흔적을 찾는 것도 좋지만, 오래된 마을 안에서 소박하게 살아가는 사람들의 체취를 함께 느꼈으면 하는 아쉬움이 남습니다.

오래된 골목길

"넌 커서 뭐가 될 거야?"

"병아리 파는 아저씨가 될 거야."

온 가족을 놀라게 했던 저의 당당한 꿈입니다. 학교 앞 문방구에선 언제나 알록달록 요란한 색깔의 장난감들이 유혹했고, 실개천 다리 옆에는 노란 병아리를 파는 아저씨가 발걸음을 멈추게 했습니다.

뾰족한 작은 부리로 좁쌀을 콕콕 찍으며 삐악거리는 병아리가 귀엽고 애처로웠습니다. 주머니 속 동전을 만지작거리며 살까 말까 망설이다 그냥 돌아서곤 했습니다.

골목길 귀퉁이 가게 앞에서 한 무리의 아이들이 주황색 쫀드기를 굽기 시작합니다. 또 다른 무리의 아이들은 활활 타는 연탄 앞에

모여 앉아 비행기와 별 모양의 뽑기를 들고 온 정신을 집중해 침을 발라 가며 손톱 끝으로 살살 쪼개고 있습니다. 그렇게 골목에선 아이들이 뛰어놀고, 이웃과 정을 나눕니다.

이화동은 근처에 청계천과 평화시장이 있어 생계를 이어가는 많은 사람이 창신동과 더불어 거주지로 선택한 곳입니다. 그리고 오랫동안 골목길이 보존될 수 있었던 것은 근처에 낙산 성곽길이 있어 개발이 제한됐기 때문입니다. 구불구불한 이화동 골목길을 따라 한참 걷다 턱까지 숨이 차오를 때쯤이면 성곽이 나옵니다. 야트막한 고개로 향하자 일제강점기에 지어진 적산 가옥들을 볼 수 있었습니다. 전에는 빈집도 드문드문 있고 곧 헐릴 것처럼 위태로워 보였지만, 이제는 문화 공간으로 보존되고 있습니다.

꼭 닫힌 철문을 따라 담쟁이덩굴이 곧 이파리를 피울 준비를 하고 있습니다. 그 모습이 좀 스산해 보이기도 합니다. 낙산 성곽에서 바라보는 서울은 때론 짙은 황사에 가려져 있다가도 비가 온 후에는 파란 하늘이 보이기도 합니다. 하지만 이곳은 밤에 와 보면 더욱 빛을 발합니다. 흥인지문과 동대문디자인플라자 주변의 야경이 한눈에 들어옵니다. 성곽의 여러 곳은 새로 단장했고, 주변 환경도 많이 바뀌었습니다. 최근 들어 이화동의 집값은 물론 전월세도 많이 올랐습니다. 이젠 주택가까지 카페가 들어서 있습니다. 역시 변화의 이면에는 경제적인 논리가 작용합니다.

몇 해 전만 해도 생활환경이 열악한 지역 주민들에게 쾌적하고 친환경적인 주거지를 제공한다는 명분으로 마구잡이 개발이 진행됐습니다. 부족한 기반 시설을 보강하고 불량한 주거지를 새것으로 바꾼다는 허울 좋은 논리가 건설 자본과 정치인들의 이익을 포장해 온 것입니다. 뉴타운 정비 사업이 등장하기 전부터 재개발·재건축 사업을 통한 전면적인 철거 방식은 원주민들의 재정착에 기여하지 못하고 결국 공동체를 해체시킨다는 주장이 있어 왔지만 부동산 투기 광풍이 모든 것을 덮었습니다.

다행히 이화동은 성곽을 끼고 있어 상대적으로 개발과 거리를 둘 수밖에 없었습니다. 게다가 2008년 세계 금융 위기와 함께 부동산 경기가 위축되면서 제동이 걸렸고, 전국 1500여 개 재개발·

재건축 사업 가운데 약 38%가 지연 중단된 상태입니다. 모든 것을 허물고 부수던 개발 사업이 부동산 경기 침체로 원활하게 추진되지 못하자 골목길을 보존해야 한다는 목소리에 힘이 실리고 있습니다. 만약 대규모 도시 정비 사업이 한계에 부딪히지 않았다면 여전히 골목길은 낡고 지저분한 곳으로 낙인찍혀 있을 것입니다.

창신동 낙산아파트와 철거민

이화동 꼭대기에서 조금만 이동하면 전체가 화강암인 약 125미터의 야트막한 산이 나옵니다. 산 모양이 마치 낙타의 등과 같다고 하여 '낙산'이라 불리는 곳입니다. 서울 4대문에서 가깝고 숲이 우거져 조선시대에는 문인들이 낙산 인근에 별장을 짓고 살았다는 기록도 있습니다. 1969년 연세대학교 도시문제연구소 선교 실무자 교육을 받고, 달동네 판잣집을 상대로 오랫동안 도시 빈민 운동을 했던 김혜경(72세) 씨가 낙산아파트 건립 당시의 이야기를 들려줍니다.

"그땐 아파트가 생소했으니 집을 그렇게 짓는 걸 처음 봤어. 4층짜리 아파트를 산 위에 지어서 아슬아슬하지만 다행히 여기는 암석이지. 지반이 암석이라 그런지 전망은 참 좋았어. 서울시가 다 보였으니까. 모두 아파트에 입주하는 걸로 해서, 28개 동에 64세대 정도가 들어갔어. 29제곱미터니까 방이 2개야. 툇마루에 방 2개, 부엌. 그렇게 두 가구도 살 수 있는 구조로 만들었어. 그래서 내가 한 집에 세입자로 들어갔지."

1960년대 시민아파트가 들어서기 시작하면서 5층짜리 아파트 41개 동이 산 중턱에 건립됐지만, 공원 녹지 확충 5개년 계획의 일환으로 이화동과 창신동이 근린공원으로 지정되면서 낙산아파트는 운명을 다하고 1998년 철거되기에 이릅니다.

"엄동설한이었어. 그때는 삼사월이 됐는데도 눈이 안 녹았어. 처마 밑엔 고드름이 꽁꽁 얼었지. 동절기에 무슨 철거냐고 항의했어. 집이 철거된 사람들이 서울시에 항의해서 경기도 광주로 안 가고 이 근방 가수용 시설에 이주한 거야. 그런데 길거리 노숙자들을 잡아다가 수용할 데가 없으니까 육영수 여사가 그 근처에 그들을 위한 숙소를 만들었어. 이름은 '근로자 합숙소'로 붙였지. 사실은 노숙자 합숙소인데. 그리고 '양지 회관'이라는 걸 만들었어. 창신동 92번 버스 종점 바로 옆 맞은편 쪽에."

김혜경 씨는 1969년 1월 서울시가 불량 주택 개량 사업이란 명목으로 창신동을 비롯한 인근 주민들을 경기도 광주로 집단 이주시키려 하자 마을 주민 6백여 명을 조직해 서울 시청에 항의 방문을 했습니다. 이는 박정희 정권 시절 서울 지역의 활동가가 조직한 최초의 철거민 대중 시위였습니다. 이로 인해 가이주 단지와 순환 재개발 방식으로 철거 지역 주민들 98% 이상이 낙산아파트에 입주하는 성과를 남겼습니다.

창신동은 2007년 재정비 촉진 지구로 지정됐다가 2013년 주민들의 동의로 해제됐습니다. 뉴타운 개발로는 더 이상 자신들의 보금자리가 유지되기 어렵다고 판단한 것입니다. 창신동은 근처에 평화시장이 있어 소위 마찌꼬바라 불리는 크고 작은 3천여 개의 봉제 회사가 모여 있습니다. 지금도 창신동에 가면 밤늦게까지 불이 켜진 작은 공장들을 발견할 수 있습니다. 이곳은 지방에서 올라와 보조 생활부터 시작해 한평생 가족의 생계를 책임지며 살아온 이들이 모여 사는 곳입니다. 2만 7천여 명에 이르는 평화시장 일대의 노동자, 상인들이 낙산 아래 창신동과 이화동에 둥지를 틀고 삽니다. 이제 이곳은 '마을 재생'이란 이름으로 마을의 특성과 가치를 살리려는 노력이 전개되고 있습니다.

우리가 골목길을 그리워하는 이유는 아마도 정든 곳이 사라지는 것에 대한 아쉬움일지도 모릅니다. 특정 공간에 대한 피상적인 관심보다는 폭넓은 사고로 그 지역 주민의 삶의 조건과 환경까지 이해할 때 그들의 삶의 질이 보장되고 유지되지 않을까요?

이화동 피턴 길

이화동 굴레방다리를 빠져 나오면 마치 고속도로 인터체인지를 방불케 하는 피턴 길이 나옵니다. 얼마나 많은 사람이 이 길을 돌고 돌아 인생의 질긴 선을 이어 왔을까요? 느릿느릿 발걸음을 옮기는 두 노인의 모습이 마치 이 길을 닮은 것 같습니다. 이 길에서 누군가는 아침 해를 보며 출근길을 서둘렀을 것이고, 아이들은 노란 차에 몸을 싣고 유치원으로 향했을 것이며, 수업이 끝난 학생들은 붉게 물든 석양을 바라보며 서둘러 집으로 발걸음을 옮겼을 겁니다. 성곽을 끼고 대학로 방향으로 내려오다 보면 구제 물건을 파는 가

게가 보입니다. 책들이 빼곡히 들어찬 자그마한 달팽이 간판이 걸린 카페도 보입니다. 느릿느릿 걷는 달팽이처럼 그냥 골목길을 서성여 보는 건 어떨까요? 길을 걷다 방향을 잃으면 잠시 쉬어 가면 그만입니다. 어느 날 아들과 함께 달팽이 카페에서 차를 마신 적이 있습니다. 그날 아들 녀석은 카페에 무언가 메모를 남겼습니다. 시간이 흐른 후 그 메모를 찾아보는 것도 어쩌면 좋은 추억이 되겠죠.

성곽 끝 장수마을은 장수할 수 있을까?

장수마을은 사통팔달입니다. 한성대역 2번 출구에서 걸어가거나 동대문역 5번 출구나 창신역 4번 출구에서 마을버스 3번을 타고 종점인 낙산공원에 내려서 가는 방법도 있습니다. 이날은 혜화동을 거쳐 낙산을 지나 장수마을로 향했습니다. 성곽 위에서 바라보는 마을이 참 아늑해 보입니다. 서울에 이런 곳이 있다니, 정신없이 바삐 돌아가는 여느 서울의 모습과는 확연히 다릅니다.

성곽을 지나 몇 발자국 들어서면 2012년 5월부터 장수마을 주민들이 만들어 운영하는 골목 안 카페가 보입니다. 카페를 지나 잘 다듬어진 골목길을 걷다 보면 작은 평상이 있는데, 따뜻한 햇볕이 드는 날이면 그곳에서 동네 주민들이 담소를 나누거나 마을의 크고 작은 행사를 치르기 위해 의논하는 모습을 볼 수 있습니다.

골목길로 접어들어 걷다 보니 아이들의 함성 소리가 들립니다. 키가 큰 아이, 작은 아이, 뚱뚱한 아이, 홀쭉한 아이 그리고 자그마한 여자아이…. 골목길에서 아이들을 만나면 설렙니다.

"너희들 이 마을에 사니?"

"네, 아저씨는 누구세요?"

인형 바구니를 손에 쥔 여자아이가 경계하는 눈초리로 대답합니다.

"너희들이 예쁘고 귀여워서 사진 한 장 찍을⋯⋯."

말이 끝나기도 전에 아이들은 쏜살같이 사라집니다.

"거참, 빠르기도 하네."

중얼거리며 계단 아래로 터벅터벅 내려옵니다.

다섯이 모이면 골목이 바뀐다

장수마을은 행정구역상 서울 성북구 삼선동 1가 300번지 일대를 말합니다. 오래전부터 한 집 두 집 들어선 난개발 지역이며, 북동향의 급경사 지형입니다. 복잡하게 이어진 길 군데군데 앞뒷집을 이어 주는 통로이자 서로의 소식을 전달하는 평상이 있습니다. 평상에 앉아 아이들에게 당한 실연(?)을 달래며 차가운 캔 커피로 목을 축이다가 마을 어르신께 마을에 대해 물었습니다. 따뜻한 봄볕이 내리쬐는 길가에 앉아 담배를 맛있게 피우고 계시던 할아버지는 이 마을에 오랫동안 살았답니다.

"마을버스가 여기까지 들어오면 정말 좋겠어. 게다가 평수만큼 나오는 토지 변상금을 못 내고 있는데, 빨리 해결돼야 해. 많은 주민이 못 내고 있어."

할아버지는 도시가스도 안 들어와서 이만저만 불편한 게 아니라

고 불만을 털어놓습니다. 평생 달동네 생활이라며 하루빨리 철거되고, 떨어져 사는 가족들과 함께 살았으면 좋겠답니다.

장수마을엔 65세 이상 노인과 장애인 비중이 60%를 넘습니다. 사정이 이렇다 보니 하루하루 막노동을 하거나 폐지를 수집해 사는 사람들도 많습니다.

벽화가 그려진 골목을 돌아 계단을 내려오다 보니 최근 마을 만들기 사업의 일환인 마을 노인들을 위한 계단 손잡이가 보입니다. 다리가 불편해 보이는 할머니 한 분이 계단을 오르다 잠시 쉬고 있습니다. 할머니는 30대에 이 마을에 들어와 지금까지 50여 년을 살았답니다. 장수마을엔 현재 167개 가옥에 300여 세대가 살고 있는데, 건물이 노후됐고 토지의 64%가 국공유지입니다. 그리고 다른 달동네처럼 '월세방 구함' 벽보를 쉽게 볼 수 있습니다. 할머니는 최근 젊은 사람들이 마을을 새로 만들기 위해 노력하는 모습이 보기 좋답니다.

"예전에는 저 위 성곽이 허물어져서 그 길을 통해 동소문 쪽으로 가곤 했어. 그런데 도둑들이 하도 이쪽으로 넘어와서 위쪽을 막아 버렸지. 그리고 집을 허물고 성곽을 복원했어. 동대문으로, 혜화동으로, 사방팔방 갈 수 있어 좋아."

"할머니, 저는 건너편 돈암동에 있는 고등학교에 다녔어요. 학창 시절 친구들이랑 여기 성곽까지 와서 놀다 가곤 했는데……. 그땐 이렇게 높지 않았어요. 군데군데 성곽이 허물어져 흔적만 있던 곳도 많았는데, 성곽 복원을 마치니 근사하네요."

시간이 흐른 후 다시 찾은 장수마을은 세월만큼 많이 변해 있었습니다. 성곽 담벼락 쪽에 붙어 있던 집들은 철거되고, 낙산 정상까지 오르는 큰길이 뚫렸습니다. 집이 철거된 사람들은 어떻게 됐는지 물었지만, 시원한 답은 들을 수 없었습니다. 이 마을을 떠나고 싶진 않은지, 자녀들의 생각은 어떤지 물었습니다.

"다 출가했어. 애들이 나 고생한다고 아파트로 들어오래. 오래된 사람들은 이제 몇 집 없어. 여긴 보증금 5백에 10만 원짜리도 있어. 도시가스를 못 쓰는 게 가장 불편했는데, 이제 도시가스도 들어오니 잘됐지."

드디어 마을의 숙원 사업인 도시가스가 들어왔습니다. 장수마을 주민들의 말처럼 '다섯이 모이면 골목이 바뀐다'는 말을 실감했습니다. 몇몇 분들의 이야기를 더 듣고 장수마을 삼선동1가로 이동했습니다. 택배 상자를 손에 쥔 채 서성이는 사람이 보입니다. 상자에 적힌 주소와 대문 앞 주소를 번갈아 확인하며 가파른 계단을 오릅니다. 그 뒤를 따라 계단을 하나둘 세며 올라가 보니 막다른 골목입니다. 계단은 모두 46개입니다. 멀리 낙산을 휘감는 성곽이 눈에 띕니다. 택배 기사는 집을 찾지 못했는지 당황한 눈치입니다. 둘이 어색하게 마주보다 다시 돌아내려왔습니다.

개발이란 열차의 종착역

한국의 가계 부채가 1000조 원을 넘어섰습니다. 불과 10년 사이 2배로 증가한 셈입니다. 이 가운데 주택 담보 대출액은 박근혜 정부 출범 전인 2013년 1월 466조6914억 원에서 2015년 1월 539조9963억 원으로 15% 불어났습니다. 내 집 마련에 발버둥치던 사람들도, 그나마 집 한 채 소유한 사람들도, 좀 더 나은 내일을 위해 대출을 받아 개발 이익에 편승했습니다. 하지만 부동산 경기는 침체되고, 전세값은 여전히 치솟고 있습니다. 이러한 현실이 시민사회단체나 풀뿌리 단체가 지역에 근거를 두고 주민들과 함께 다양한 실험을 하는 계기가 되었습니다. 물론 '마을 만들기'라는 도시 재생 사업으로 하루아침에 주거 문제가 해결되진 않습니다.

경쟁에 휘둘리며 살아가는 사람들이 자신의 보금자리에서 마음을 치유하며 소소하게 살 방법은 정말 없을까요? 이런저런 상념에 빠져 있는데, 마침 우르르 스쳐 지나갔던 동네 아이들이 개선장군처럼 야단스럽게 다가옵니다.

"어? 이 아저씨 아직 안 갔네?"

방금 전 그 여자아이입니다. 그러자 남자아이가 묻습니다.

"무슨 사진 찍어요?"

"너희처럼 어른 무시하는 애들하고는 말 안 한다."

아까의 실연에 북받쳐 퉁명스럽게 대답했더니 어찌된 영문인지 서로 포즈를 취하며 까불기 시작합니다. 이 틈을 이용해 몇 장의 사진을 찍었습니다.

"너희들 사진도 찍어 줬는데, 아저씨한테 한턱내야 하는 거 아냐?"

"우리가 모델이 돼 줬으니 아저씨가 사야죠."

"그런가? 그럼 아저씨가 살게. 너희들 나중에 초상권 어쩌고 하면 안 된다."

과자를 산다는 말에 한목소리로 "네"라고 대답합니다. 하지만 초상권이 뭔지는 모르는 것 같습니다.

마침 구멍가게가 보여 문을 열고 들어가니 노부부가 조용히 가게를 지키고 있습니다. 아이들은 밀물처럼 가게 안으로 들어와 소라과자 한 봉지씩 손에 쥐고 썰물처럼 골목길을 빠져나갑니다. 아이를 키우는 데 온 마을이 필요하다는 말이 있습니다. 하지만 서울에 아이들이 마음껏 뛰놀 수 있는 마을이 과연 얼마나 있을까요? 힘차게 휘어 돌아가는 장수마을의 성곽을 따라 한성대역 쪽으로 내려왔습니다. 개천에는 봄을 알리는 꽃들이 희미하게 기지개를 켭니다.

장수마을, 긴 호흡으로 멀리보기

2014년 '(주)마을기업 동네 목수'의 대표 박학룡(47세) 씨와 오랜만에 자리를 함께했습니다. 그리고 '장수마을 만들기'를 위해 2007년부터 추진한 다양한 실험에 대해 들어 봤습니다.

"2008년 마을 만들기 사업을 진행하면서 주민 워크숍을 했습니다. 그때 이름을 공모했죠. 당시 한성대학교와 성곽이 근처에 있어 '한성마을', '성곽마을'이라는 이름이 나오기도 했어요. 이곳은 북동향에 언덕이 높아 아침 햇살이 제일 먼저 비춥니다. 그래서 '해 뜨는 언덕'이 거론되기도 했어요. 그러다 결국 '장수마을'로 결정됐죠."

2004년 삼선 3구역과 4구역이 주택 재개발 구역으로 지정되었지만 개발은 더 이상 진전되지 못했습니다. 인근에 사적 제10호인 서울성곽과 조선의 군사 업무를 담당하던 삼군부 청사인 서울 유형문화재 제37호 삼군부 총무당이 있기 때문이죠. 무엇보다도 문화재 보존 지역이다 보니 고도 제한 때문에 건설사도 이윤을 남기기 어렵습니다.

성북구청과 서울 시청이 마을 만들기의 성공 사례로 장수마을을 지목한 것에 대해 박학룡 씨는 이렇게 이야기합니다.

"성공했다고 하기엔 아직 해결할 문제가 많습니다. 대표적으로 집주인과 세입자의 문제가 그렇습니다. 일부 집주인이 임대료를 올리려고 했던 것도, 집주인이 세입자를 내보내려 한 것도 사실입니다. 모든 사람이 집으로 돈을 벌려는 세상인데, 집주인만 탓할 문제는 아니죠. 좀 더 인내심을 갖고 주민들을 만나 대화로 문제를 풀려고 노력하고 있습니다."

서울시가 마을 재생이나 마을 공동체 활동에 몇 백억 원의 예산을 편성했다는 이야기에 마을이 술렁이는 것은 당연하다는 것입니다. 이밖에도 박학룡 씨는 장수마을 주민들의 의견을 모아 임대료를 과도하게 올리지 않는 '마을 협정' 체결을 추진하고 있습니다.

"마을 협정에 동의하는 집주인에게는 인센티브를 주는 방식으로 주택 개량 사업을 지원하고 있는데, 성공할 수 있을지는 좀 더 지

켜봐야 합니다. 현재 마을에는 주민등록에 등재되어 있지 않은 사람도 있고, 처음 계약한 그대로 살고 있는 세입자도 있습니다. 이처럼 마을 사정은 매우 복잡합니다. 따라서 주민들의 이해관계와 의견을 차곡차곡 모아 문제를 해결해야 합니다."

박학룡 씨는 이 실험이 성공하면 다른 지역에도 긍정적인 영향을 미칠 거라고 확신합니다. 서울시는 장수마을의 '역사 문화 보존 기본 계획 수립' 용역을 진행하고 있습니다. 이에 계획 단계부터 주민들이 적극적으로 개입해 의견을 제시하고 있다고 합니다.

"이 작은 마을을 그동안 재개발 예정 구역으로 묶어 놓고, 주민들에게 개발에 대한 환상을 심어 주며 갈등을 부추겼습니다. 그 후 서울시는 장수마을의 개발 해제를 결정하고, 주민 참여형 재생 사업 계획안을 열람·공고했습니다. 이제 공공기관과 주민 모두가 주거 환경 개선을 위해 협력해야 합니다. 가령 주택 개보수 지원, 도시가스 공급 시설 및 하수관거 설치, 빈집 정비 등의 사업을 공공기관이 지원하고, 주민들은 지역 특색에 맞게 공동의 사업을 만들 수 있을 겁니다."

주민 조직 활동은 어떻게 운영되는지 물었습니다. 이미 주민들을 상대로 다양한 실험을 한 바 있지만, 무리하게 추진하지는 않는다고 합니다. 대신 몇몇 분들을 골목 통신원으로 위촉해 의견 수렴 과정을 거치고 있습니다. 이는 실질적인 주민 조직을 만들기 위함입니다. 박학룡 씨는 마을 만들기 사업이 가난한 사람들의 주거 문제에 대한 근본적 대안은 못 되더라도 부분적인 대책은 될 수 있다고 주장합니다. 그는 최근 부동산 경기가 침체된 상황에서 마을 만들기 사업이 탄력을 받는 것에 주목하고 있습니다. 그러나 단기적인 성과에 집착한다면 사업 취지에 맞지 않을뿐더러 실패할 가능성이 높다고 생각해 긴 호흡으로 멀리 내다보고 사업을 추진하고 있습니다.

아이들의 꿈이 익어가는 곳

박학룡 씨와 대화를 마치고 나오니 어느덧 어두워지고, 골목길에 가로등이 하나둘 켜지기 시작했습니다. 슈퍼 앞에서 그 녀석들을 또 만났습니다.

"너희들 아저씨 기억나? 어디 갔다 오니?"

"공부방에요."

"지난번에 사진 찍게 해 줘서 고마워. 아저씨가 과자 사 줄게."

아이들은 신이 나서 가게 문을 열고 들어갑니다. 어떤 녀석은 비싼 걸 고르고, 어떤 녀석은 두 개나 집어 듭니다.

"하나로 통일하자. 아저씨 돈 없거든. 자, '뿌셔 뿌셔'로 통일, 알

았지?" 이번에도 모두들 한목소리로 "네"라고 대답합니다. 목소리가 우렁차고 씩씩합니다.

이제 마을 골목길은 더 이상 아이들의 놀이터가 아닙니다. 요즘 아이들은 학교 수업을 마치면 학원차를 타고 옮겨 다니기 바쁩니다. 이곳 아이들의 시끌벅적한 소리는 골목에 숨결을 불어넣어 줍니다.

2015년 가을 장수마을 주민협의회 배정학(48세) 대표를 만났습니다. 그는 "집이 내일의 노동을 위해 쉬는 공간이 아닌 재산 축적의 수단이 되었고, 이것이 근본적으로 바뀌지 않는다면 마을 만들기 사업은 어려워질 수밖에 없다"고 말합니다. 장수마을을 에워싼 성곽은 유네스코 세계 유산 등재를 준비하고 있습니다. 배정학 씨

는 장수마을이 주거의 기능을 상실하거나 원주민들의 삶이 흔들려서는 안 된다는 입장입니다.

"장수마을은 현재 순환 임대주택을 통한 주택 개량 사업과 주거환경 사업을 진행 중입니다. 나아가 빈집의 공동소유나 출자를 통한 마을 자산 공유를 고민하고 있습니다."

함부로 부수고 깨트려 다시 짓기보다는 가난한 사람들이 소외되지 않도록 좀 더 유연하게 노력해야 하지 않을까요? 회색으로 덧칠한 멋없는 거리를 걷어내고, 인간적 교류와 소통이 차단된 마을을 넘어서려는 노력은 마땅히 존중받아야 할 것입니다. 이는 결국 마을 주민들의 작은 일상을 변화시키고 마음을 움직여 마을 곳곳에 즐거움을 피워낼 것입니다. 이제 장수마을은 다섯이 모여 골목을 바꾸는 수준을 넘어 여럿이 함께 마을을 바꾸고 가꿔 나가기 위한 새로운 도약을 준비하고 있습니다.

---

* 사진 속 장수마을 구멍가게는 지금은 사라지고 없습니다. 동네 사랑방 역할을 하던 그 가게의 작은 정자에서 마시던 막걸리가 생각나 아쉽기만 합니다. 장수마을에 갈 때마다 만나는 대연이는 이제 청소년이 되었습니다. 장수마을의 변화를 위해 '대안개발연구모임', '구가도시건축'을 비롯한 많은 사람이 관심을 기울이고 있습니다.

고래심길을 찾아서

전라북도 전주가 고향인 제가 1972년 부모님과 서울로 올라와 처음 살았던 곳이 석관동입니다. 그때는 이농 현상이 급증하던 시기였습니다. 부모님 손에 이끌려 낯선 동네에 이삿짐을 풀고 나서야 고향을 떠나온 걸 실감했습니다. 우리 집을 기웃거리던 아이들은 서울 말씨로 "너 어디서 왔니?"라고 물었습니다. 아이들의 세련된

표정과 옷차림 때문인지 그때 전 적잖이 당황했습니다. 입학 후 얼마간은 반 친구들이 제 사투리를 알아듣지 못했고, 저 역시 아이들의 말을 따라잡지 못했습니다.

그렇게 아이들과 어울리지 못할 때면 동네를 조금 벗어나 육교로 향했습니다. 석관동 시장 앞에 있던 난생 처음 보는 육교는 신기한 볼거리였지요. 육교 위에 서면 시장에 다녀오는 어머니와 퇴근하는 아버지, 그리고 하얀 한복 차림에 구부정하게 걷는 할머니를 종종 만날 수 있었습니다. 아무리 기억을 더듬어도 같은 반 친구들과 선생님 이름은 떠오르지 않지만, 육교 밑 문방구와 알록달록한 인형이 있던 선물 가게, 그리고 여름이면 수박을 함께 팔던 얼음 가게는 선명하게 기억납니다.

석관동을 지키는 군부대

석관동 근처에는 천장산天藏山이 있습니다. 어린 시절 제 놀이터였지요. 여름날 비가 온 다음이면 산을 따라 작은 실개천이 생기곤 했는데, 친구들과 그곳에서 물놀이를 즐겼습니다. 산 아래 작은 공터에서는 축구를 하거나 술래잡기를 했지요. 지금의 의릉과 한국예술종합학교가 바로 이 산을 끼고 있습니다. 그런데 이 산은 천장산

말고 다른 이름이 있었습니다. 바로 '중앙정보부 산'입니다. 산 중턱에 '독수리 바위' 혹은 '거북 바위'라 불리던 바위가 솟아 있는데, 동네 사람들은 그 이상 올라가지 못했습니다. 산속에 군부대와 중앙정보부 건물이 있었기 때문이지요. 산에 가면 늘 군인들을 만날 수 있었습니다. 군인들은 인사를 해도 대부분 대답이 없었고, 겹겹이 둘러싸인 철조망 안에서 철통같이 산을 지키고 서 있었습니다. 마치 동네 사람들에게 총부리를 겨누는 것 같았죠. 한번은 아버지가 철조망 근처에는 얼씬도 하지 말라고 신신당부 했습니다. 민간인 출입 금지 구역이라 그곳에 들어갔다 잡히면 쥐도 새도 모르게 사라진다는 소문도 돌았습니다. 어느 날 밤 중앙정보부 산에서 수많은 불빛이 하늘로 솟았습니다. 비행기를 잡는다는 서치라이트가 메마른 하늘을 샅샅이 훑어 댔습니다. 그리고 웽―하는 사이렌 소리가 온 동네에 울려 퍼졌습니다. 어둑어둑한 골목길은 적막에 휩싸였습니다. 형과 저는 일 나간 부모님이 돌아올 때까지 이불을 뒤집어쓴 채 두려움에 떨었습니다. 이불 안에서 형이 제 귀에 대고 속삭였습니다.

"바보야, 울지 마. 국군 아저씨들이 우리 마을을 지켜준단 말이야."

그게 민방위 야간 훈련이었다는 건 훗날에나 알았지요.

석관동 천장산 아랫마을의 전설

지금의 석관동 성북정보도서관 근처로 할머니를 따라 나물을 캐러 간 적이 있습니다. 이곳엔 폐지와 고물을 팔아 생계를 유지하던 넝마주이들이 모여 살았습니다. 우리 형제가 말 안 듣고 서로 다툴 때 할머니가 '너희들 그렇게 싸우면 거기다 내다버린다'고 으박지르시던 그곳이지요. 봄이면 그곳에 사는 사람들을 위한 것 마냥 양지바른 언덕에 쑥이며 나물이 지천으로 피었습니다. 그 마을에 석관초등학교 같은 반 여자아이가 살고 있었습니다. 늘 똑같은 옷만 입고 다니던 아이, 입가에 버짐이 허옇게 피어 있던 아이, 지독히도 말이 없던 그 아이가 평소완 달리 새처럼 자유롭게 고무줄놀이를 하고 있었습니다. 그러고는 누군가 부르는 소리에 비닐하우스 안으로 총총 들어갔습니다. 따뜻한 아지랑이가 피어오르던 그날, 넝마주이 가족이 폐지와 고물을 산처럼 쌓아 놓고 옹색하게 모여 사는 모습을 호기심 어린 얼굴로 훔쳐봤습니다.

얼마 안 있어 학교에서 봄 소풍을 갔습니다. "아무리 그래도 매일 뛰어 놀던 뒷산으로 소풍을 가다니……." 어머니는 구시렁대는 제게 환타 한 병과 달걀, 과자 몇 개를 싸 주면서 김밥 대신 "집에 와서 밥 먹어"라고 했습니다.

넝마주이 마을에 사는 여자아이와 저는 천장산에 뭐가 있는지,

어떻게 놀아야 재밌는지, 누구보다 잘 알고 있었습니다. 우리는 친구들을 데리고 거북 바위 근처까지 올랐습니다. 한눈에 온 동네가 펼쳐 보이고, 멀리 학교도 보였습니다. 한 아이가 "저기 빨간 기와집 보이지? 거기가 우리 집이야"라고 말하자 바위 위에 옹기종기 모여 앉은 아이들이 자기 집을 찾느라 바빠졌습니다. 잠잠해질 무렵 또 한 아이가 언덕 쪽을 가리키며 외쳤습니다. "너희들, 저기 누가 사는 줄 아니? 애들 간 빼 먹는 넝마주이들이 산다."

수수팥떡이나 경단을 꼬치에 꿰어 놓은 것 같아 돌곶이 마을이라 부르던 것을 한자로 바꿔 부른 이름이 석관石串동입니다. 이곳에서 몇 년 더 살다가 종암동, 청계천 그리고 다시 안암동, 월곡동으로 이사를 다녔습니다. 그러다 결혼을 해 아이를 낳고, 2003년쯤 다시 석관동으로 이사를 왔습니다. 그때만 해도 제가 어릴 적 기억하던 모습을 어느 정도 간직하고 있었습니다. 바뀐 게 있다면 간 빼 먹는 넝마주이가 산다던 작은 언덕에 성북정보도서관이 들어섰다는 것 정도였지요. 아, 그리고 시장 건물은 그대로이지만 폐쇄됐고, 길 앞 육교도 사라졌습니다. 야트막한 산을 뱀처럼 감싸던 천장산의 날카로운 철조망도 주민들의 줄기찬 민원으로 마침내 걷혔습니다.

그러더니 몇 년 후 마을 입구에 재건축 조합이 결성됐다는 플래카드가 나붙었고, 주변에 서서히 고층 아파트가 들어서기 시작했습니다. 유년기의 온갖 추억이 깃든 곳이 얼마 안 있어 공사 소음이 넘쳐나는 곳으로 뒤바뀌고, 아름답게 펼쳐지던 한옥들도 사라져갔습니다. 구불구불한 골목길과 무당이 살던 도당길 빈집에 붉은 페인트로 '철거'라는 글씨가 쓰이자 아내는 밤낮으로 부동산에 뛰어다녔습니다. 당시 강북의 집값은 하늘 높은 줄 모르고 뛰었고, 지금처럼 전세 구하기가 하늘의 별 따기였지요. 용역반원이 온 동네를 휘젓고 다녔고, 초등학교 2학년 아들 녀석은 "우리 언제 이사가? 학원 선생님이 우리 동네 다 없어지고 아파트가 들어선대. 그래서 학원도 곧 문 닫는대"라며 두려워했습니다. 그럴 때마다 이사 갈집을 구하지 못한 우리 부부는 억장이 무너졌습니다. 뉴타운 재개발 사업 후 20% 미만의 원주민만 재정착할 수 있었다는 신문 기사와 대한민국 최대의 집 부자가 혼자 보유한 집이 무려 1083채라는 이야기를 접할 때면 분노가 치밀었습니다.

IMF 이후 생활이 곤란하던 시절 그나마 편안한 안식처였던 집마저 재산 증식 수단으로 전락해 전전긍긍했던 사람들이 비단 우리 가족뿐이었겠습니까?

어릴 적 살던 석관동엔 감나무가 많았습니다. 이곳의 많은 주민이 전라도 출신인데, 자신의 옛집 마당에 있던 감나무를 떠올리며 서울의 집에도 심었던 겁니다. 석관동에 먼저 터를 잡은 친척들은 낯선 서울에서 더불어 살 수 있도록 직장을 구해 주거나 외롭지 않게 힘이 되어 주었습니다. 이처럼 사람들은 유기적으로 연결되어

서로를 이끌었지만, 급격히 변하는 세상이 우리의 모습을 하루아침에 바꿔 놓았습니다. 이제 서울 사람은 자신의 과거를 어디서 찾을 수 있을까요?

소득과 성장 그리고 개발 중심의 사회에서 이제 삶의 변화가 요구되는 시점입니다. 1970년엔 단독주택과 아파트의 비율이 각각 88.4%와 4.1%였습니다. 그러나 2010년엔 단독주택이 27.9%인 반면, 아파트는 57.3%나 됩니다. 하늘 높이 치솟던 아파트 비율은 최근 미분양 사태로 이어지고 있습니다. 이러한 변화에 맞춰 뉴타운 재개발 사업은 주민의 50% 이상이 사업 해제를 원하면 조합 해산 신청을 할 수 있고, 조합이나 추진위가 없을 시 30% 이상이 동의하면 구역 해제를 결정할 수 있게 되었습니다. 그 후 서울시는 몇 년 전부터 571개 뉴타운 구역을 대상으로 실태 조사에 들어갔으며, 이 가운데 구역 해제를 결정하거나 조합 인가 등을 취소하는 곳이 계속 늘고 있습니다. 그나마 다행인 것은 몇 년 전부터 서울시를 중심으로 주택 유형을 다양화해 자연을 보호하고 다양한 사람들이 어울려 살도록 정책을 선회했다는 것입니다. 하지만 정부는 국민에게 빚을 얻어서라도 부동산에 투자하라고 부추기고 있습니다. 여전히 전월세 문제 해결과 주거 안정을 위한 공공 임대주택 확대 의지는 찾아보기 어렵습니다.

이 글을 쓰며 석관동을 다시 찾았습니다. 사진 속의 풍경으로만 한때 번성했던 새 석관시장 자리였음을 짐작할 뿐입니다. 뉘 집 아들이 취직했다는 등 크고 작은 가정사를 나누며 골목 안 평상에서

펼쳐지던 아주머니들의 수다는 옛말이 된 지 오래입니다. 우리의 부모 세대는 골목에서 네 집 내 집 구분 없이 아이들을 공동으로 키웠고, 모두가 가족 이상의 의미였습니다. 고래 심줄처럼 '질기게 살라'해서 이름 붙여진 석관동 고래심길, 겨울이면 기와에 하얀 눈이 소복이 쌓이던 석관동 한옥의 지붕들을 잊을 수 없습니다. 이렇게 주거 공간의 변화는 삶의 많은 부분을 좌우합니다. 인간으로서의 존엄과 가치가 무너져 내린 이 시대, 급속한 산업화에 붕괴된 지역 공동체를 복원해야 할 것입니다.

도시 재생 사업과 마을 만들기, 그리고 마을 공동체에 대한 다양한 우려도 나옵니다.

첫째, 전체 사회에 영향을 끼치기보다는 지역 차원에 국한되는 자족적 생활공동체로 변질되기 쉽습니다.

둘째, 지역 경제 활성화 논리를 수용함으로써 젠트리피케이션으로 변질될 수 있습니다.

셋째, 결국 관이 개입하거나 주도하여 문제를 해결할 수밖에 없습니다.

넷째, 박원순 시장을 중심으로 하는 세력화 수단에 불과하다는 지적도 있습니다.

마지막으로, 일반 서민의 직접적 이익이라는 당근으로 원활한 국가 통치에 이용될 수 있습니다.

위와 같은 지적은 일면 타당하지만, 재생산 영역에서 발생하는 주거권 문제를 간과해서는 안 될 것입니다. 일각에서 우려하는 제도 정치와 관 주도로부터 일정 거리를 둘 수 있도록 실천을 통해 극복해야 합니다. 도시 재생 사업과 마을 만들기가 새로운 상업 논리로 변질되지 않도록 제도 마련을 위해 노력해야 할 것입니다. 나아가 재생산 영역의 주민 운동을 아래로부터 그리고 계급적으로 재구성하기 위해 실천해야 합니다. 이 책에서 반복한 이야기지만, 우리가 살고 있는 지역과 생산 현장으로부터 올바른 가치를 복원하려는 노력은 아무리 강조해도 지나치지 않습니다.

욕망 혹은 배제

우리가 삶을 영위하는 도시에서는 다양한 사건들이 끊임없이 벌어집니다. 도시는 일정한 형태나 형식 없는 비정형적 공간이지만, 우리는 그 안에서 생계를 유지하고, 가정을 이루며, 문화를 향유하고 있습니다.

도시가 확대되고 재편되는 과정에서 누군가는 이익을 남기고, 또 누군가는 삶이 파괴되기도 합니다. 특히 아파트는 수많은 이의 욕망이 분출되고 실현된 곳이지만, 또 누군가에겐 허물어지고 배제되는 공간이었습니다. 한때 지역의 상징이자 선망의 대상이었던 아파트에 찾아가 가난의 흔적을 발견하려 합니다. 그 모습들이 바로 우리의 미래를 보여주는 거울이니까요.

우리나라 최초의 아파트는 서울 종로구 내자동 일대에 있던 미쿠니아파트입니다. 이 아파트는 중국과 일본에 석유를 수출하던 미쿠니상회가 1930년에 지은 것으로, 4층(연건평 2099제곱미터)과 3층(657제곱미터) 건물 2동으로 되어 있습니다.

위키백과 〈대한민국 아파트의 역사〉에 따르면, 1932년 조선주택영단이 다양한 주택 유형을 연구하기 위해 한국에 여러 대안을 실험하는데, 그중 하나가 충정로에 남아 있는 아파트입니다. 초창기 건물 소유주 도요타(豊田) 씨의 이름을 따 한국식 발음인 풍전아파트로 부르다가 유림아파트로 바뀌었습니다. 해방 후엔 미군 숙소로 사용됐으며, 아파트 옥상에서 파티가 열리기도 했다는군요. 1960년대 말에 한국인이 인수해 호텔로 사용하다가 길을 넓히는 과정에서 일부가 철거되고, 지금은 충정아파트로 남아 있습니다.

광복 이후 최초의 아파트는 지금은 사라진 1958년 성북구 종암동에 세워진 종암아파트입니다. 초등학교 5학년부터 6학년 때까지 이 근처 숭례초등학교에 다녔는데요. 같은 반 친구가 그곳에 살아서 종종 놀러갔습니다. 당시 친구의 집은 무척 크고 화려했습니다. 최근 자료를 살펴보니 한 가구당 크기가 57제곱미터(공용면적 포함)이었고, 4층짜리 건물 4동에 모두 152가구가 지어졌다고 합니다.

충정아파트

동대문아파트

　종로구 창신동 동묘역 앞에 있는 동대문아파트는 1965년에 지어
졌습니다. 모두 131가구인데, 홍제동의 홍제아파트 81호, 돈암동아
파트 90호 등 당시 건설된 몇몇 소형아파트 가운데 하나였다고 합
니다. 동대문아파트는 겉에서 보기엔 하나의 아파트이지만, 출입구
로 들어가면 지붕이 없는 작은 공용 광장이 있고, 광장을 기준으로
양쪽 세대가 서로 마주보고 있습니다. 한때 고급스러움을 유지하기
위해 함부로 물건들을 내놓지 못하도록 경비실에서 집집마다 관리
하기도 했다는데요. 당시에는 보기 드물게 방, 주방, 화장실 면적을
최적화해 마루방 대신 온돌방을 만들었고, 다용도실도 두었습니다.
고 이주일 씨 등 연예인이 많이 살아서 일명 연예인 아파트로 불리
기도 했습니다. 서울시가 매입해 예술인들의 거주 공간으로 리모델
링한다는 기사가 나왔지만, 벌써 10년이 지난 얘기입니다.
　손정목의 《한국 도시 60년의 이야기》를 참조하면, 본격적인 아

파트 시대를 연 것은 1962년 대한주택공사가 지은 마포아파트입니다. 이 아파트는 애초 중산층 이상이 살 수 있도록 10층 정도의 고층 아파트로 지으려 했지만, 미국 대외원조기관(USOM)의 반대로 6층(6동 350가구)으로 낮아졌다고 합니다. 당시 사람들의 가장 큰 고민이 "그럼 김장독은 어디에 묻지?"였다는 대목에서 시대상을 엿볼 수 있습니다.

발레리 줄레조의《아파트 공화국》에 따르면, 서구에서는 아파트를 부정적으로 묘사합니다. 복잡한 도시문제와 도시 폭력의 상징이며, 대단지 아파트는 도시 분열을 조장하고 사회적 관계를 단절시키는 주거 형태로 지목됩니다. 약 30년 전 아파트 단지가 본격적으로 들어설 때 주민들은 아주 냉담했다고 합니다. 특히 마포구 창전동 와우아파트 붕괴 사고로 아파트의 이미지는 썩 좋지 못했습니다.

강서구 염창동 등마루아파트는 1970년에 지어졌습니다. 외형적

등마루아파트

으로는 전체 4개동으로 보이지만, 한 동에 2개의 건물이 맞붙어 그 사이로 오픈된 계단이 맞물린 정말 독특한 아파트입니다.

한국의 도시계획은 강제 철거와 맞물려 진행됩니다. 서울시는 1950년대 말부터 1972년까지 무허가 판자촌 주민 30만 명을 주민의 의사와는 상관없이 시 외곽 98개 지구로 강제 이주시켰습니다. 본격적인 재개발 정책이 추진되면서 많은 사람을 수용할 수 있는 주거 형태인 아파트가 주목받았습니다. 가옥주들에게 시영아파트 입주권이나 이주 보조금을 지급하면서 박정희 정부는 도시화와 함께 아파트 단지 건설을 적극 장려했습니다. 게다가 부유층과 상류층을 끌어들이기 위해 다양한 장려책을 추진하고, 학교 이전 등을 포함해 총체적인 거주환경 개선책을 세웠습니다.

중구 남산 초입에 있는 회현시민아파트는 정계 인사뿐만 아니라 안기부 직원들도 많이 살았던 것으로 기록되는데요. 아마 근처

회현시민아파트

에 남산 안기부 대공 분실이 있어서 그랬나 봅니다. 이곳에도 한때 '아파트'라는 노래로 한 세대를 풍미한 가수 윤수일을 비롯해 많은 연예인이 살았던 것으로 알려져 있습니다. 지상 10층의 1개 동으로 되어 있고, 총 352가구로 전용면적은 대개 38.34제곱미터입니다. 지금 기준으로 보면 영구 임대아파트 크기에 불과한 작은 아파트였지만, 우리나라 최초의 중앙난방 아파트였습니다. 방 2개와 수세식 화장실, 작은 나무 마루가 갖춰져 있습니다. 특히 출입구가 1층과 6층 두 곳에 있는데요. 남산의 급격한 경사지에 짓다 보니 언덕이 6층 높이까지 올라와 있어 1층과 6층에 구름다리를 설치해 드나들 수 있도록 설계한 것입니다.

1968년 동부이촌동에 공무원아파트 단지, 1970년에 한강맨션 아파트 단지 등이 들어서면서 아파트는 부유층이 사는 고급 주택으로 지위를 굳혀 갔습니다. 잠시 주춤하던 아파트 개발 붐은 중동 건설 경기 후퇴와 맞물려 인력과 장비가 한국의 아파트 개발로 몰리면서 가속도가 붙기 시작합니다. 당시 여의도 주변에 제방 도로인 윤중제가 만들어지고 강남이 개발되면서 한강을 중심으로 수많은 아파트가 지어져 병풍처럼 강변을 둘러쌌습니다. 1970년 용산구 한남동의 산허리에 지어진 한남시범아파트는 오래됐지만 외형은 비교적 양호해 보입니다. 스카이아파트와 마찬가지로 광장 바닥은 시멘트나 콘크리트가 아닌 흙으로 지었습니다. 이곳은 곧 재건축

한남시범아파트

될 가능성이 높아 보입니다. 이제 서울 시민의 절반 이상이 아파트에 살고 있습니다. 또한 아파트의 역기능도 심심치 않게 대두되고 있습니다. 한때 부富의 대명사이자 욕망의 대상이던 아파트. 과연 시간이 흐른 후 어떤 모습으로 되돌아올까요?

2012년 여름 서대문구 충정로 금화시범아파트를 찾았습니다. 이 아파트는 곧 사라질 운명에 처해 있습니다. 오래된 아파트에서 풍기는 퀴퀴한 냄새, 낡고 오래된 창틀과 거미줄 등 이제까지 가 본 아파트 가운데 가장 낡고 위태로워 보였습니다. 계단을 따라 이어진 좁은 길을 따라 옥상으로 향하니 깨진 장독과 누군가 그려 놓은 기괴한 그라피티가 있습니다. 어둑어둑해지고 건물의 불빛이 하나

금화시범아파트

둘 켜지자 낡은 아파트 옥상에서 서울의 야경이 한눈에 들어옵니
다. 많은 사람이 창밖으로 저 수많은 불빛을 내다보며 희망을 꿈꿨
을 것입니다.

우리 사회에서 철거는 곧 아파트 건축으로 이어졌습니다. 지역
주민들에게 분양권을 주는 대신 용적률을 높이는 방식으로 지어진
아파트는 원주민들이 입주하지 못하는 문제를 낳기도 했습니다.
또 세입자들에게 임대 아파트 입주권을 주더라도 3~4인 가구가 살
기에는 너무 비좁고, 높은 임대료와 관리비로 그림의 떡이었습니
다. 그동안 무분별하게 지어 온 아파트는 이처럼 많은 문제를 안고
있습니다. 금화시범아파트는 지어진 지 44년 만인 2015년 8월 결
국 철거됐습니다.

안전 점검 및 정밀 안전 진단에서 D등급을 받은 아파트는 안전

서소문아파트

이 미흡한 상태로 긴급한 보수·보강이 필요합니다. E등급은 시설물 안전 위험이 있어 즉각 사용을 금지하고 보강·개축해야 하는 상태로 분류하고 있습니다. 이러한 아파트가 서울에 총 62개 동이 있는 것으로 집계되고 있습니다.

1970년에 지어진 미근동 서소문아파트는 도시 한가운데 당당히 버티고 있습니다. 개발의 사각지대에 있어 자리를 지키고 있지만, 낡고 허물어지기 직전의 거대한 콘크리트 건물로 남아 위태롭게 생명을 이어가는 형편입니다. 1층은 상가들이 들어서 있고, 길의 굴곡에 맞춰 휘어 돌아가는 모습입니다. 총 7층의 계단을 따라 올라가니 층간 높이가 매우 낮고, 각 세대가 양쪽에 배치되어 있는 형태입니다. 몇 평짜리 아파트에 사는지, 어떤 브랜드의 아파트에 사는지가 사람을 판단하는 기준이 된 세상이지만, 이처럼 오래된 아파트에 사는 것도 자부심을 가질 수 있는 사회가 되었으면 하는 바람입니다.

서소문아파트에서 그리 멀지 않은 중구 중림동에 1971년 지어진 성요셉아파트가 있습니다. 서소문아파트가 도로를 따라 휘었다면 총 60세대가 사는 성요셉아파트는 언덕을 따라 위로 휘어진 모습입니다. 커다란 중앙 계단을 중심으로 길게 이어진 복도에 주거 공간이 배치돼 있습니다. 문마다 적힌 성당 이름으로 주민들이 근처 약현성당의 신자임을 짐작합니다. 이름이 성요셉아파트인 것도 이 아파트가 초기엔 약현성당의 소유였기 때문입니다. 그 후 성당이 다른 사업을 하기 위해 민간에 아파트를 매각했습니다. 그동안 우리는 아파트를 매매함으로써 부를 축적해 왔습니다. 그러나 한

성요셉아파트

편으론 사생활 보장이라는 이면에 콘크리트 담장 속의 고립된 섬이라는 지적 또한 있어 왔습니다. 하지만 이렇게 작은 서민 아파트들은 재테크 수단과는 거리가 멀어 보입니다. 또, 전통 시장 분위기가 나는 주변의 크고 작은 상가에선 사람 간의 교류가 활발히 이루어지고 있습니다.

1971년 지어진 성북구 정릉동 스카이아파트에 들어선 순간 기시감이 들었습니다. 아마 영화 촬영지로 많이 활용돼서 그런가 봅니다. 아파트 초입에는 이제 막 피어나기 시작한 꽃과 나무들이 인고의 시간을 버티고 있습니다. 스카이아파트는 붕괴를 대비해 철기둥을 박아 놓았습니다. 아파트 내부 구조는 개방된 편복도형으로 지어져 있습니다. 옥상에 오르니 근처 정릉의 푸른 산이 한눈에

스카이아파트

들어옵니다. 삼각형 모양의 작은 광장을 중심으로 모두 3개 동으로 이루어져 있으며, 고운 흙바닥도 그대로였습니다. 빈집을 슬며시 열고 들어가니 작은 수세식 화장실과 2개의 방이 보입니다. 아파트 외벽에 '서울시와 성북구는 생존권을 보장하라'는 글씨가 비교적 선명하게 남아 있어 오래전 주민들이 저항한 흔적을 볼 수 있습니다.

1973년 지어진 동대문맨숀아파트입니다. 이 근처 숭인동에는 1960년대 지은 우리나라 최초의 실내 스케이트장인 동대문 실내 스케이트장이 있었습니다. 엄혹한 시절 박정희 대통령의 자녀나 고관들은 이 스케이트장을 통째로 빌려 이용했고, 이때 주변이 엄격히 통제되기도 했습니다. 동대문맨숀아파트 내부에는 엘리베이

동대문맨숀아파트

터가 설치되어 있습니다. 아파트 관리인에 따르면 처음 지어질 때 같이 만들어졌답니다. '맨숀'이라는 이름이 붙은 걸 보니 당시엔 매우 호화스러운 아파트였을 겁니다. 각 층마다 홀 형태로 엘리베이터와 계단이 있고, 각 세대는 이 홀을 중심으로 배치되어 있는 구조입니다. 이 아파트는 오랫동안 주거할 수 있어 보입니다.

청계천 삼일아파트는 최초의 서민 아파트라 불립니다. 1955년부터 시작된 청계천 복개 공사가 꼬박 15년이 걸린 것으로 알려졌지만, 제 기억으로는 70년대 말에도 공사가 진행되고 있었습니다. 청계고가 공사는 1967년부터 시작되어 약 10년이란 세월이 걸렸습니다. 청계고가는 김포공항에서 워커힐아파트까지 단숨에 달릴 수 있는 고가도로였습니다. 고가도로에서 내려다보면 청계천 주

청계천 삼일아파트

세운상가

변의 판자촌이 눈에 띄었는데, 이곳을 철거하고 들어선 것이 바로 삼일아파트입니다. 삼일아파트의 1~2층엔 상가가 들어서 있고, 3~7층은 주거용인데 기다란 복도 양쪽에 각각의 세대가 있습니다. 약 33제곱미터 크기에 방 2개 혹은 미닫이로 연결된 작은 방과 작은 화장실이 있고, 나무 마루와 연탄보일러를 갖추고 있습니다. 지금은 대부분 철거됐고, 청계천 7가와 8가 사이에 1~2층 상가만 남아 있는 상태입니다.

1967년 총 공사비 44억 원을 들여 만든 세운상가(세계의 기운이 모인다는 뜻)는 주상복합 아파트의 효시라 할 수 있습니다. 총 13층 높이의 이 아파트는 서울을 횡으로 약 1킬로미터를 가로질러 종로에서부터 청계천과 을지로, 충무로 그리고 퇴계로까지 이어집니다. 이 아파트의 자리는 1945년 조선총독부가 도심 폭격 시 대형 화재가 번지는 것을 막기 위해 만든 폭 50미터, 약 1킬로미터 정도의 화재 방지용 도로와 공터였습니다. 그러다 한국전쟁을 거치면서 피난민과 실향민이 모여들어 무허가 판잣집 2200여 채에 모여 살았습니다. 이곳에서 건축가 김수근이 35세에 상가이자 주택, 자동차 도로이자 보행로라는 야심찬 계획을 추진합니다. 1~4층은 상가, 5~17층은 아파트, 지상은 자동차 전용 도로와 주차장, 3층은 4개 상가군을 연결하는 1킬로미터 길이의 보행 데크가 계획됐습니다. 게다가 5층엔 인공 대지를 만들어 동사무소, 파출소, 은행, 우체국을 짓고, 옥상엔 초등학교를 만들어 하나의 작은 도시가 된다는 구상이었습니다. 그러나 이 파격적인 계획은 결국 미완성에 그쳤습니다. 이 도심 속 매머드 건물은 청계·삼일고가와 함께 '조국 근대화'의 상징이었고, 한때 동양 최대의 전자 상가였습니다. 그러나 세월이 흘러 새로운 것이 낡은 것으로 변모하자 세운상가 부지를 공원으로 개발하려는 계획이 나오기도 했습니다. 오세훈 서울 시장 때는 세운상가를 현대식 타운형 상가로 리모델링하는 계획으로 바뀌었고, 2014년 철거가 백지화되어 현재는 '재생 프로젝트'라는 이름으로 다양한 방법이 모색되고 있습니다. 서울시가 202억 원을 편성하여 세운상가 보행로 연결 공사를 시작한다는 소식도 들려옵니다.

위에서 살펴본 것들은 모두 40년 이상 된 서울의 아파트들입니다. 이곳에 사는 주민들은 불편을 호소하고 있지만, 개발되기에 녹록치 않은 아파트의 위치와 여건, 부동산 경기 침체로 방치되는 실정입니다. 한편 2015년 국토교통부는 안전 진단 결과 사용 제한(D등급)·사용 금지(E등급) 조치된 노후 공동주택을 도시정비법 8조에 따라 지정 개발 대상으로 추가한다는 계획을 내놨습니다. 즉, 당장 퇴거 조치가 필요하지만 주민들이 재건축을 기다리거나 쉽게 보금자리를 옮기지 못하는 점을 고려하여 주민들을 공공 임대주택 등에 입주할 수 있게 하고, 정부나 지자체 등이 수용해 신속하게 재건축할 수 있게 한다는 것입니다.

이미 철거가 시작된 아파트를 제외한 몇몇 아파트는 구조가 튼튼하고 독특한 외형을 하고 있습니다. 이러한 아파트들을 자치 단체가 구입하고 리모델링해서 역사성을 보존하고 다양한 방식으로 운영하는 건 어떨까 합니다.

이제까지 아파트를 둘러싼 도시의 흔적을 하나하나 살펴보았습니다. 가난한 이들의 삶의 터전을 밀어내고 그 자리를 대신한 거대한 아파트촌의 미래는 또 어떻게 변할까요?

참고 자료

- <자갈치와 영도다리>, 두산백과
- 알라이다 아스만, 《기억의 공간》, 그린비, 2011.
- 발터 벤야민, 《아케이드 프로젝트》, 새물결, 2005.
- 레베카 솔닛, 《걷기의 역사》, 민음사, 2003.
- 장수마을 소식지 합본호
- <대한민국 아파트의 역사>, 위키백과
- 손정목, 《한국 도시 60년의 이야기》, 한울, 2010.
- 발레리 줄레조, 《아파트 공화국》, 후마니타스, 2007.
- 장림종·박진희, 《대한민국 아파트 발굴사》, 효형출판, 2009.